AF495177

INSTRUCTION MINISTÉRIELLE

DU 15 MAI 1884

RELATIVE A LA LÉGISLATION MUNICIPALE

CE LIVRE

EST LE **SUPPLÉMENT NÉCESSAIRE** AU VOLUME

QUI A POUR TITRE :

LA LOI

SUR

L'ORGANISATION MUNICIPALE

DU 5 AVRIL 1884,

COMMENTAIRE ET JURISPRUDENCE

Par MM.

| **Paul ANDRÉ** | **F. MARI** |
| Procureur de la République. | Sous-Préfet. |

PRÉFACE DE

M. H. DE BRANCION

Préfet d'Ille-et-Vilaine.

PRIX : 4 francs.

INSTRUCTION

MINISTÉRIELLE

DU 15 MAI 1884

SUR

L'APPLICATION DE LA LOI MUNICIPALE

CIRCULAIRE

SUR L'ENSEMBLE

DES MODIFICATIONS APPORTÉES PAR LA LOI DU 5 AVRIL 1884

A LA LÉGISLATION MUNICIPALE.

PARIS

SOCIÉTÉ D'IMPRIMERIE ET LIBRAIRIE ADMINISTRATIVES ET CLASSIQUES

PAUL DUPONT, Éditeur

41, RUE JEAN-JACQUES-ROUSSEAU (HÔTEL DES FERMES)

1884

PRÉFACE

Nous avons déjà publié un livre indispensable
à toutes les communes de France, sous ce titre :

*Loi municipale du 5 avril 1884, avec commentaire et jurisprudence par MM. Paul André et
F. Marin, préface de M. H. de Brancion.*

Il contient en outre la circulaire du 10 avril sur
la partie électorale de la nouvelle législation et celle
du 13 mai de M. le Ministre de l'instruction publique
relative aux dépenses de l'enseignement.

Le volume que nous publions aujourd'hui est le
complément nécessaire du précédent.

L'instruction générale de M. le Ministre de l'intérieur, du 15 mai 1884, que nous reproduisons
ici, donne les explications officielles de l'Administration sur les innovations de la loi.

Pour la pratique administrative, les deux ouvrages ne se séparent pas ; aussi n'avons-nous pas
hésité à compléter le premier en mettant le second
à la disposition de toutes les municipalités.

L'Éditeur.

Paris, le 15 mai 1884.

Monsieur le Préfet,

Je vous ai transmis, le 10 avril 1884, le texte de la nouvelle loi municipale. Je l'ai accompagné d'instructions relatives aux élections des conseils municipaux, des maires et des adjoints (1). Je crois devoir aujourd'hui appeler votre attention d'une manière toute spéciale sur les dispositions de la loi du 5 avril 1884, ayant pour objet la création et la suppression des communes, les modifications apportées à leurs circonscriptions territoriales, la formation et le fonctionnement des conseils municipaux, leurs attributions, celles des maires et adjoints, l'administration des communes, les biens et droits indivis entre elles, la responsabilité civile qu'elles peuvent encourir.

La loi du 5 avril 1884, Monsieur le Préfet, reproduit sans les modifier de nombreuses dispositions de la législation antérieure. Le sens et la portée de celles de ces dispositions sur lesquelles des doutes pouvaient s'élever ont été déterminés par une longue pratique et par la jurisprudence soit de l'Administration centrale, soit du Conseil d'État ou de la Cour de cassation. Il ne me paraît utile, par suite, d'entrer dans des explications ou éclaircissements qu'à l'égard des dispositions édictant de nouvelles règles, complétant ou modifiant les anciennes.

(1) Cette circulaire du 10 avril 1884 est insérée dans le livre sur la nouvelle *Loi municipale, avec commentaire et jurisprudence,* par MM. Paul André et F. Marin, préface de M. H. de Brancion. — Prix : 4 francs. — Librairie Administrative, Paul Dupont, Paris.

TITRE PREMIER

Des communes.

ARTICLE PREMIER.

Composition du corps municipal.

L'article 1ᵉʳ de la nouvelle loi produit l'article 1ᵉʳ, § 1ᵉʳ de la loi du 5 mai 1855, avec cette différence que, dans l'énumération des membres du corps municipal, il donne la première place au conseil municipal. Il ne faut voir dans ce changement qu'un hommage rendu aux représentants directs du suffrage universel, dont le maire lui-même tient ses pouvoirs (art. 76) ; le maire, en qualité de président du conseil municipal, marchera toujours en tête du conseil.

ART. 2 ET 8.

Changement de nom des communes.

L'article 2 contient une innovation. La législation antérieure n'avait pas déterminé les règles de procédure à suivre pour les changements de dénomination des communes. Dans la pratique, il était statué sur ces changements par des décrets rendus dans la forme des règlements d'administration publique, après avis du conseil municipal, du conseil d'arrondissement et du conseil général. La loi nouvelle consacre cette jurisprudence; mais elle supprime l'intervention obligatoire du conseil d'arrondissement et décide que, dans tous les cas, l'initiative du projet doit émaner du conseil municipal.

Il faut entendre par changement de nom, non seulement la substitution d'un nom à un autre, mais aussi les additions de noms ou les simples rectifications d'orthographe.

Je vous rappelle que vous devrez considérer comme seule officielle l'orthographe que donnent les tableaux de la population des communes de France, publiés par le Ministère de l'intérieur, à la suite de chaque dénombrement quinquennal.

Les dossiers des projets de cette nature devront comprendre les pièces suivantes :

1° Demande du conseil municipal;

2° Avis du sous-préfet;

3° Avis du conseil général;

4° Rapport détaillé du préfet.

Quant aux nouvelles dénominations qui résultent soit des transfèrements de chefs-lieux, soit des créations de communes ou d'autres changements aux circonscriptions territoriales, elles sont, pour la procédure et la compétence, soumises aux règles fixées pour les changements dont elles sont la conséquence (art. 8).

Art. 3 et 4.

Instruction des projets tendant soit au transfèrement des chefs-lieux de communes, soit aux changements dans la limite des communes.

Comblant une lacune de la législation antérieure, l'article 3 met sur la même ligne, au point de vue de l'introduction des demandes et de l'instruction préalable des projets, les transfèrements de chefs-lieux et les modifications à la limite des communes.

L'initiative de ces divers projets peut être prise par vous, Monsieur le Préfet, soit d'office, soit sur la demande de tout intéressé. Ce droit vous appartenait autrefois ; il vous est maintenu. Mais tandis que précédemment vous aviez la faculté, si la demande ne vous paraissait pas suffisamment justifiée, de vous refuser à ouvrir l'instruction réglementaire (avis du Conseil d'État du 26 avril 1877), l'article 3 vous oblige, dorénavant, à faire cette instruction toutes les fois que la demande émane soit du conseil municipal d'une des communes intéressées, soit du tiers des électeurs inscrits dans la commune ou section intéressée.

L'instruction réglementaire comprend, comme autrefois, les formalités suivantes :

1° Enquête ;

2° Institution de commissions syndicales ;

3° Avis des conseils municipaux ;

4° Production de plans et de tableaux de renseignements statistiques ;

5° Avis du conseil d'arrondissement ;

6° Avis du conseil général.

1° *Enquête.*

La première formalité exigée est l'enquête *de commodo et incommodo*. La circulaire du 20 août 1825 a déterminé la forme dans laquelle il doit y être procédé ; je crois utile d'en rappeler les principales dispositions en tenant compte des modifications que la jurisprudence y a apportées.

Il appartient à vous seul de désigner le commissaire enquêteur et vous ne pouvez déléguer ce droit au sous-préfet. Cette prohibition a été consacrée par un avis du Comité de l'intérieur du Conseil d'État, du 17 mars 1840, dont la doctrine a été, depuis, constamment suivie par l'Administration.

Votre choix devra porter sur une personne présentant les plus grandes garanties d'indépendance et d'impartialité. Je n'ai pas besoin de vous faire sentir l'inconvénient qui s'attache au choix du maire ou d'un habitant de la commune ou des communes intéressées ; je veux seulement vous rappeler que des instructions de la chancellerie ont recommandé aux juges de paix de refuser toute mission qui serait de nature à les distraire de leurs fonctions judiciaires ; vous devrez donc vous abstenir de désigner ces magistrats comme commissaires enquêteurs.

L'enquête devra être annoncée à l'avance, à son de tambour ou de trompe, et par voie d'affiches. Au jour désigné, le commissaire enquêteur se rendra à la maison commune pour y recevoir les déclarations des intéressés. L'enquête pourra durer plusieurs jours si l'importance de la population l'exige. Tous les habitants,

hommes ou femmes, peuvent être admis à émettre leur
vœu sur le projet; les déclarations sont individuelles;
elles sont signées des déclarants et du commissaire enquêteur; celui-ci certifie les dépositions orales des
comparants qui ne savent pas signer. Le commissaire
enquêteur joint au procès-verbal les dires qui lui sont
remis par les intéressés et il clôt l'enquête en rédigeant
son avis sur le projet; il transmet dans la huitaine ce
procès-verbal et ses annexes à la sous-préfecture ou à la
préfecture.

2° *Nomination des commissions syndicales.*

La seconde formalité prescrite par la loi est la nomination d'une commission syndicale appelée à donner son
avis sur le projet.

La commission syndicale est destinée à représenter
le ou les groupes d'habitants ayant des intérêts opposés
à ceux que représente la majorité du conseil municipal.

L'arrêté préfectoral qui convoque les électeurs détermine le nombre de membres dont la commission doit se
composer et qui varie, en général, de 3 à 5, mais qui
peut être plus élevé suivant les circonstances.

S'il existe plusieurs groupes d'habitants ayant un intérêt distinct dans le projet, il convient d'instituer plusieurs commissions syndicales.

Les règles à suivre pour les élections de ces commissions sont celles qui sont exposées dans le titre II de
la loi pour les élections des conseils municipaux.

Les réclamations auxquelles peuvent donner lieu ces
élections sont également jugées dans la même forme et
par les mêmes autorités que les réclamations relatives
à l'élection des conseillers municipaux ou des maires.

Les commissions syndicales, une fois nommées, élisent

1.

dans leur sein un président et, s'il y a lieu, un secrétaire.

Elles délibèrent sur le projet et donnent un avis motivé.

3° *Avis du conseil municipal.*

En même temps que les commissions syndicales, le conseil municipal ou les conseils municipaux intéressés doivent délibérer, tant sur le projet en lui-même que sur ses conditions.

4° *Plans et tableaux statistiques.*

S'il n'a pas été fourni de plan à l'appui de la demande, et si vous n'avez pas jugé indispensable d'en réclamer avant l'enquête et les délibérations des commissions syndicales et des conseils municipaux, il y aura lieu, avant de pousser l'instruction plus loin, d'en exiger la confection. Ces plans, dressés d'après les documents cadastraux et complétés au besoin par les soins de MM. les agents voyers, au point de vue des voies de communication, doivent toujours porter votre visa et celui de M. le directeur des contributions directes appelé à apprécier si les limites proposées sont conformes aux règles du cadastre et si elles seront facilement reportées sur le terrain. Dans la plupart des cas, une copie du plan d'assemblage suffira, mais elle devra être complétée par des extraits du plan parcellaire si, sur certains points, la limite n'est déterminée que par la limite même des parcelles cadastrales.

Tous les plans produits doivent être sur toile.

Comme annexe du plan, vous ferez établir un tableau

de renseignements statistiques conforme aux modèles joints à la présente circulaire.

5° et 6° Avis du conseil d'arrondissement et du conseil général.

Le dossier ainsi composé sera soumis, par vos soins, au conseil d'arrondissement et au conseil général.

Je vous rappelle que non seulement vous devez veiller à ce que toutes les formalités ci-dessus énumérées soient exactement remplies, mais encore à ce qu'elles le soient dans l'ordre que la loi elle-même a fixé ; le Conseil d'État a souvent fait observer qu'il n'est pas permis à l'Administration de changer cet ordre.

Les dossiers que vous aurez à me transmettre, lorsque la décision n'appartiendra pas au conseil général, devront donc comprendre, indépendamment des documents relatifs au règlement des conditions de la séparation ou de la réunion, et dont je parlerai plus loin, les pièces ci-après :

1° Pétition ou délibération du conseil municipal demandant la modification ;

2° Arrêté de nomination du commissaire enquêteur ;

3° Procès-verbal de l'enquête et avis du commissaire ;

4° Arrêté créant la commission ou les commissions syndicales (1) ;

5° Procès-verbaux des opérations électorales relatives à la nomination de ces commissions ;

(1) On trouve les Imprimés nécessaires pour ces procès-verbaux à l'Imprimerie Administrative PAUL DUPONT, 41, rue J.-J.-Rousseau, Paris.

6° Délibération des conseils municipaux et des commissions syndicales ;

7° Plan, — en simple exemplaire, lorsqu'il s'agira d'un transfèrement de chef-lieu ; en triple expédition, lorsqu'il s'agira d'un projet de modification de limites sur lequel un décret doit statuer ; en quadruple expédition, lorsqu'une loi devra intervenir ;

8° Tableau de renseignements statistiques, — modèle A, lorsqu'il s'agira d'un transfèrement de chef-lieu ; modèle B, lorsqu'il s'agira de la création d'une commune nouvelle ou d'une réunion de communes ; modèle C, lorsqu'il s'agira d'un simple échange de territoire entre deux ou plusieurs communes (1) ;

9° Budget et compte du dernier exercice de la commune ou des communes intéressées ;

10° Avis du sous-préfet ;

11° Avis du conseil d'arrondissement ;

12° Avis du conseil général ;

13° Rapport du directeur des contributions directes portant non seulement, ainsi que je l'ai dit plus haut, sur les limites proposées, examinées au point de vue du cadastre, mais encore sur les conséquences du projet en ce qui concerne l'assiette de l'impôt et les forces contributives des diverses communes intéressées ;

14° Avis de l'inspecteur d'académie en ce qui concerne le service de l'instruction primaire et les modifications que le projet peut amener dans l'organisation et les dépenses du service ;

15° Avis du préfet sous forme d'exposé détaillé et complet et non sous forme d'arrêté.

---

(1) Les Imprimés conformes à ces modèles A et B sont à l'Imprimerie Administrative PAUL DUPONT, 41, rue J.-J.-Rousseau, Paris.

ART. 5 ET 6.

*Autorités compétentes pour statuer sur les transfère-
ments des chef-lieux de communes ou sur les changements de la limite des communes.*

Les articles 5 et 6 de la loi nouvelle modifient, en les
simplifiant, les règles de compétence résultant des lois
du 18 juillet 1837, 24 juillet 1867, 10 août 1871 et des
avis du Conseil d'État, en date des 17 octobre 1872 et
18 février 1873.

A. — *Il est statué par une loi :*

1° Lorsqu'il s'agit de créer une commune nouvelle.

Les Chambres, préoccupées du nombre toujours crois-
sant des demandes de séparation et des inconvénients
que présente le morcellement excessif de notre territoire,
ont pensé que la création de nouvelles municipalités ne
devait être autorisée que sous le contrôle du pouvoir
législatif ;

2° Lorsque le projet modifie les limites d'un département, d'un arrondissement ou d'un canton.

B. — *Il est statué par le Conseil général :*

Lorsqu'il s'agit soit d'un transfèrement de chef-lieu, soit
d'une suppression de commune, soit d'un changement à
la limite des communes déjà existantes et sous la triple
condition : 1° que le projet ne touche pas aux limites
des cantons ; 2° qu'il y ait accord complet entre les conseils municipaux et les commissions syndicales, tant
sur le projet en lui-même que sur les conditions aux-

quelles il doit être réalisé ; 3° que le conseil général approuve purement et simplement le projet. Il ne peut, en effet, en modifier aucune des conditions.

C. — Il est statué par décret rendu en la forme des règlements d'administration publique :

Dans tous les autres cas.

ART. 7.

Règlement des conditions de la réunion ou de la séparation.

L'article 7 concerne le règlement des conditions de réunion ou de séparation de communes ou sections. Il reproduit les principales dispositions des articles 6 et 7 de la loi du 18 juillet 1837. Aux termes des trois premiers paragraphes, la commune réunie à une autre commune conserve la propriété des biens qui lui appartenaient ; les habitants de cette commune gardent la jouissance de ces mêmes biens dont les fruits sont perçus en nature. Il en est de même de la section réunie à une autre commune, pour les biens qui appartenaient à cette section.

Le législateur suppose que la propriété des biens que la commune ou la section considère comme lui appartenant, au moment où elle est réunie à une autre commune, n'est pas contestée. Les difficultés qui s'élèveraient à ce sujet seraient de la compétence exclusive des tribunaux judiciaires.

Le paragraphe 4 de l'article 7 de la loi du 5 avril 1884 est emprunté au paragraphe 2 de l'article 6 de la loi du 18 juillet 1837. Il le complète et le précise en décidant que les édifices et autres immeubles servant à un usage public et situés sur un territoire de la commune, ou de la section de commune réunie à une autre commune, ou de la section érigée en commune séparée, deviennent la propriété de la commune à laquelle est faite la réunion, ou de la nouvelle commune.

Comme dans le cas où il s'agit de biens non affectés à un usage public, il appartiendrait, en principe, aux tribunaux judiciaires seuls de statuer sur les contestations ayant pour objet la question de savoir si, au moment de la réunion, la commune ou la section de commune réunie était réellement propriétaire des édifices ou immeubles qui servaient à un usage public sur son territoire.

D'après le paragraphe 5 de l'article 7 de la loi du 5 avril 1884, les actes qui prononcent des réunions ou des distractions de communes en déterminent expressément toutes les autres conditions (1).

L'article 7 de la loi du 18 juillet 1837, tout en édictant une disposition analogue à celle de la nouvelle loi, en différait néanmoins sur un point essentiel. Sous l'empire de l'ancienne législation, lorsque la réunion ou la distraction était prononcée par une loi, la fixation des conditions pouvait être renvoyée à un décret ultérieur. Aujourd'hui, toute décision relative à des réunions ou des séparations de communes ou sections doit statuer en même temps sur les conditions autres que celles déterminées aux paragraphes 1, 2, 3 et 4 de l'article 7.

Vous devrez donc faire instruire simultanément les projets de modifications aux circonscriptions territoriales des communes et les conditions auxquelles ces modifications doivent être opérées.

---

(1) Cette disposition s'applique aussi bien au cas où la décision appartient au conseil général, qu'au cas où il doit être statué par une loi ou un décret.

Vous provoquerez à ce sujet les délibérations des conseils municipaux et commissions syndicales intéressés. Les principales questions à résoudre sont celles relatives aux biens indivis, au partage des dettes et à leur acquittement, ainsi qu'aux compensations à accorder, dans quelques circonstances extraordinaires, en raison de l'abandon forcé des immeubles servant à un usage public.

La circulaire d'un de mes prédécesseurs, en date du 29 janvier 1848, insérée au *Bulletin officiel du Ministère de l'intérieur* de la même année, trace la marche à suivre en pareil cas et les bases sur lesquelles peuvent ou doivent être réglées les diverses opérations de partage : je vous invite à vous y référer.

Lorsqu'il devra être statué par un décret ou par une loi, vous aurez à me transmettre vos propositions, en y joignant : les délibérations des conseils municipaux et commissions syndicales; 2° des documents établissant la contenance et l'évaluation des biens indivis immobiliers, si le partage en est demandé ; 3° un certificat du receveur municipal faisant connaître la nature, la provenance et la quotité des biens actifs mobiliers à partager. Vous indiquerez d'une manière précise la part à attribuer à chacune des communes et sections intéressées dans ces différents biens indivis, en suivant les règles énoncées dans la circulaire du 29 janvier 1848.

Quant aux dettes, il y aura lieu d'en faire connaître les causes en même temps que le montant, la part afférente à chacune des communes ou sections, ainsi que le mode de payement à employer. Enfin, vous aurez à indiquer le chiffre des indemnités à accorder, s'il y a lieu, par l'une des parties à l'autre pour la privation des édifices servant à un usage public.

Le paragraphe 6 de l'article 7 de la nouvelle loi municipale porte qu'en cas de division la commune ou section de commune réunie à une autre commune ou érigée en commune distincte reprend la pleine propriété de tous les biens qu'elle avait apportés.

Ce paragraphe est le complément des quatre premiers.

Quoique les biens des indigents, administrés soit par un bureau de bienfaisance, soit, à défaut d'établissement spécial, par la municipalité, ne constituent pas à proprement parler des biens communaux et que, par suite, l'article 7 de la loi du 5 avril ne leur soit pas directement applicable, il y a lieu de maintenir la jurisprudence antérieure d'après laquelle on étendait, par analogie et à défaut de dispositions spéciales, aux biens des pauvres les règles posées par la loi du 18 juillet 1837, pour les partages résultant des modifications apportées dans la circonscription des communes.

Il conviendra donc de faire instruire, en même temps que les projets de modifications territoriales, les conditions concernant le patrimoine charitable. Les commissions administratives des bureaux de bienfaisance, quand il en existera, seront appelées à délibérer et, dans ce cas, les conseils municipaux n'auront qu'un avis à émettre. Dans l'hypothèse contraire, il appartiendra aux conseils municipaux et aux commissions syndicales de délibérer sur cette question comme sur les autres.

Lorsqu'il s'agira d'ériger une section en commune distincte et que le chiffre de sa population, ainsi que l'importance de la part qui reviendra à ses pauvres dans la dotation charitable, permettra la création d'un bureau de bienfaisance, vous devrez en proposer la constitution.

Je vous rappelle qu'en principe les biens des pauvres doivent être partagés au prorata de la population des circonscriptions intéressées, conformément à la règle posée par la loi du 10 juin 1793.

Art. 9.

Dissolution des conseils municipaux en cas de réunion ou de fractionnement de communes.

D'après l'article 8 de la loi du 18 juillet 1837, en cas de réunion ou de fractionnement de communes, les conseils municipaux devaient être dissous.

On avait interprété cette disposition en ce sens qu'un décret de dissolution devait intervenir pour être suivi de la convocation des électeurs.

D'après le texte de la nouvelle loi, le décret de dissolution n'est plus nécessaire. Les conseils municipaux *sont dissous de plein droit.* Ils ne pourront donc plus fonctionner après la réunion ou le fractionnement de la commune. Mais, pour éviter que l'interrègne municipal se prolonge, vous devrez, Monsieur le Préfet, convoquer immédiatement les électeurs.

TITRE II

Des conseils municipaux.

CHAPITRE PREMIER

FORMATION DE CONSEILS MUNICIPAUX.

Ma circulaire du 10 avril dernier a déjà porté à votre connaissance les instructions qu'il m'a paru utile de vous adresser avant le renouvellement des assemblées municipales.

Je n'ai donc que peu d'indications à vous donner aujourd'hui en ce qui concerne la formation des conseils municipaux, car je crois devoir réserver pour une circulaire spéciale, que vous recevrez à la fin de l'année, tout ce qui touche à la révision des listes électorales.

Je ne m'occuperai ici que des points suivants :

1° Établissement des sections électorales;

2° Démissions d'office;

3° Durée des pouvoirs des conseils municipaux; — cas dans lesquels ils doivent être complétés;

4° Suspension et dissolution des conseils municipaux,

Art. 11 et 12.

Sections électorales.

La loi du 5 avril 1884, de même que la législation antérieure, pose en principe que l'élection des membres du conseil municipal a lieu au scrutin de liste. Mais elle maintient aux conseils généraux la faculté d'établir des sections dans certaines communes.

Aux termes de l'article 11, le sectionnement ne peut avoir lieu que dans deux cas. Il faut :

1° Ou que la commune se compose de plusieurs agglomérations distinctes et séparées ; -

2° Ou que la population agglomérée soit supérieure à 10,000 habitants (1).

Dans le premier cas, aucune section ne peut avoir moins de deux conseillers à élire, ce qui est conforme à la règle posée par la loi du 14 avril 1871 ; dans le second cas, chaque section élit au moins quatre conseillers.

Mais vous remarquerez, Monsieur le Préfet, que la base de la répartition proportionnelle des conseillers entre les sections n'est plus, comme autrefois, la population, mais le nombre des *électeurs inscrits.*

Si la ville comprend plusieurs cantons, aucune section ne peut être formée de fractions de territoire appar-

(1) Le nombre des habitants se détermine d'après le chiffre de la population municipale totale constatée par le dernier recensement officiel, c'est-à-dire par le dénombrement auquel il a été procédé en exécution du décret du 3 novembre 1881, et dont les résultats ont été déclarés authentiques par le décret du 7 août 1882.

tenant à des cantons différents. Cette disposition maintient la règle tracée par la loi du 7 juillet 1874.

Dans les villes divisées en arrondissements municipaux, c'est-à-dire Lyon (la loi du 5 avril ne s'applique pas à Paris), les sections ne peuvent non plus comprendre des fractions appartenant à des arrondissements différents. Il en est de même des fractions de territoire possédant des biens propres; elles ne peuvent être divisées en plusieurs sections électorales.

Enfin, dans tous les cas où le sectionnement est autorisé, chaque section doit être composée de territoires contigus.

Il pourra se faire qu'une commune ayant une population agglomérée de plus de 10,000 habitants et possédant en même temps des dépendances rurales ou des faubourgs formant des agglomérations distinctes soit sectionnée, par application des deux règles posées dans l'article 11.

Dans ce cas, elle pourra être divisée en sections nommant seulement deux conseillers et en sections en ayant quatre au plus à élire.

Qui fait le sectionnement?

Le sectionnement est fait par le conseil général, sur l'initiative soit d'un de ses membres, soit du préfet, du conseil municipal ou d'électeurs de la commune intéressée.

D'après la législation antérieure, le sectionnement devait être demandé par le préfet, par un membre du conseil général ou par le conseil municipal intéressé (loi du 14 avril 1871, art. 3). La loi nouvelle étend donc aux simples électeurs de la commune le droit de réclamer le sectionnement.

Il n'existait autrefois aucune règle pour l'introduction et l'instruction des demandes. Je crois devoir appeler votre attention sur les innovations qu'apporte à cet égard la loi du 5 avril.

Désormais, aucune décision en matière de sectionnement ne pourra être prise qu'après avoir été demandée avant la session d'avril ou au cours de cette session au plus tard.

Vous déposerez donc sur le bureau du conseil général, à la session d'avril, toutes les demandes qui vous seraient parvenues, soit avant l'ouverture de la session, soit au cours de cette session, et vous ferez mentionner ce dépôt au procès-verbal.

Dans l'intervalle de la session d'avril à la session d'août, une enquête devra être ouverte dans la commune intéressée.

Le procès-verbal de cette enquête sera, avec la demande, soumis au conseil municipal, qui en délibérera.

Vous verrez plus loin qu'un plan du sectionnement adopté devra être joint à la délibération du conseil général. Il serait à désirer, bien que la loi ne l'exige pas, que ce plan fût dressé avant l'enquête et placé sous les yeux du conseil municipal. Il devra, en tout cas, être joint au dossier déposé sur le bureau du conseil général à la session d'août.

Toutes les demandes instruites comme il vient d'être expliqué ci-dessus seront soumises, par vos soins, à l'assemblée départementale dans cette session.

Le conseil général statuera sur chacune d'elles.

Le tableau des sections ainsi arrêté servira pour toutes les élections *intégrales* à faire dans l'année, c'est-à-dire qu'il devra être suivi, si pour une cause quelconque (démission collective, dissolution, annulation de l'ensemble des élections) il y a lieu de procéder au renouvellement complet du conseil municipal. (*Pour les élections partielles, voir plus loin article 16.*)

La composition et la limite des sections devront être nettement indiquées, tant dans la délibération du conseil général, que sur le plan qui restera annexé à la délibération avec le visa du bureau du conseil.

Sous l'empire de l'ancienne législation qui prescrivait la confection d'un tableau annuel (loi du 14 avril 1871, art. 3, § 3) pour servir à toutes les élections municipales à faire dans l'année, on s'était demandé si la valeur du tableau était périmée à la fin de l'année, lorsque le conseil général avait omis de le reviser.

Une disposition spéciale de la nouvelle loi a tranché la difficulté en décidant que les sectionnements une fois opérés *subsistent jusqu'à une nouvelle décision.*

Mais cette disposition ne s'applique qu'au tableau des sectionnements que les conseils généraux dresseront à partir du mois d'août prochain, conformément à la loi nouvelle.

Ainsi que vous l'a fait connaître ma circulaire télégraphique du 23 avril, les communes qui ne figureraient pas dans le tableau dressé en août 1884 devront, en cas de renouvellement intégral du conseil municipal, procéder aux élections par scrutin de liste, alors même qu'elles auraient été précédemment sectionnées. La disposition transitoire qui figure à l'article final de la loi du 5 avril n'a prorogé l'effet des sectionnements antérieurs que jusqu'à ce qu'ils aient pu être revisés.

Vous remarquerez, Monsieur le Préfet, que le paragraphe 4 de l'article 12 vous charge de déterminer, d'après le chiffre des électeurs inscrits dans chaque section, le nombre des conseillers à élire. C'est là une opération purement mathématique que le législateur vous a réservée avec raison, pour éviter les erreurs de

calcul que pourraient commettre les assemblées départementales, faute de renseignements suffisants, et pour
permettre de tenir compte des modifications qui sur-
viendraient dans l'intervalle d'une session d'août à
l'autre, par suite de la revision des listes électorales.

Le conseil général n'aura donc plus à indiquer dans
sa délibération le nombre des conseillers attribués à
chaque section; mais comme il doit délimiter les sections de manière à ce qu'elles aient droit, suivant le cas,
à 2 ou 4 conseillers au moins, vous aurez soin de
joindre au dossier de chaque affaire un état indiquant
le nombre des électeurs inscrits dans chaque groupe
d'habitations.

Le sectionnement adopté par le conseil général sera
notifié aux maires des communes intéressées, au plus
tard avant la convocation des électeurs. Il sera publié
par les soins du maire, qui recevra, avec l'ampliation de
la délibération, une copie certifiée du plan y annexé.
L'affiche apposée dans la commune avertira les habitants du dépôt du plan au secrétariat de la mairie, où
tout électeur pourra en prendre communication et copie.

Voies de recours contre les sectionnements.

Rien n'est changé à la législation antérieure en ce
qui concerne les voies de recours contre les opérations
du sectionnement. Les Chambres ont rejeté tous les
amendements tendant à accorder un recours direct, soit
aux membres du conseil général, soit aux conseillers
municipaux, soit aux électeurs de la commune sectionnée.

Vous conservez seul, Monsieur le Préfet, le droit de
former, en vertu de la loi du 10 août 1871, un recours

au Conseil d'État contre les délibérations du conseil général prononçant des sectionnements irréguliers; j'appelle tout spécialement votre attention sur les devoirs qui découlent pour vous de cette attribution exclusive que vous confère la loi du 5 avril.

Les particuliers ne pourront réclamer que sous forme de protestation contre les opérations électorales.

Art. 16.

Élections partielles dans les communes sectionnées.

La disposition de l'article 12 portant que le tableau des sections sert pour les opérations intégrales à faire dans l'année est complétée par l'article 16, ainsi conçu :

« Lorsqu'il y a lieu de remplacer des conseillers municipaux élus par des sections, conformément à l'article 11 de la présente loi, ces remplacements seront faits par les sections auxquelles appartiennent ces conseillers. »

Il résulte de la combinaison des deux articles que si, au cours de la durée du mandat d'un conseil municipal, des sections viennent à être établies, modifiées ou supprimées dans la commune, la décision du conseil général n'aura pas d'effet immédiat. Elle ne sera appliquée qu'en cas de renouvellement intégral. Jusque-là, les vacances qui viendraient à se produire dans le conseil municipal seront comblées par des élections faites de la même manière que les premières, afin qu'il n'y ait point dans le même conseil de membres élus par des collèges différents.

ART. 36.

Démissions d'office.

Ma circulaire du 10 avril relative aux élections des conseils municipaux et des maires et adjoints vous a fait connaître les cas d'indignité, d'incapacité et d'incompatibilité résultant de la loi du 5 avril 1884. Ces causes d'exclusion, lorsqu'elles sont antérieures à l'élection, ne peuvent être appréciées que par le conseil de préfecture.

Mais vous conservez le droit, que vous accordait la législation antérieure, de déclarer d'office démissionnaires les conseillers qui, *par une cause postérieure à l'élection*, se trouvent dans un des cas d'exclusion prévus par la loi.

Le conseiller déclaré démissionnaire peut déférer au conseil de préfecture l'arrêté qui le frappe. La loi de 1855 ne fixait aucun délai pour la présentation de ce recours; aujourd'hui, d'après l'article 36 de la loi du 5 avril 1884, la décision préfectorale doit être notifiée à l'intéressé, qui a un délai de dix jours, à partir de cette notification, pour saisir le conseil de préfecture.

La décision du conseil de préfecture peut, à son tour, être déférée en appel au Conseil d'État, soit par le préfet, soit par l'intéressé, dans les formes et délais tracés par l'article 40.

L'article 60 prévoit un autre cas dans lequel un conseiller municipal peut être déclaré d'office démissionnaire : l'absence à trois convocations successives ; j'en parlerai plus loin.

Art. 41 et 42.

Durée des pouvoirs des conseils municipaux.
Cas dans lesquels ils doivent être complétés.

La loi du 14 avril 1871 portait que les pouvoirs des assemblées communales ne pourraient excéder trois ans. L'article 41 de la loi nouvelle dispose qu'ils sont élus pour quatre ans.

Tous les conseils municipaux seront renouvelés à une date fixe, *le premier dimanche de mai*.

Les conseils nommés dans l'intervalle d'un renouvellement à l'autre ne seront donc élus que pour la période restant à courir.

Dans quels cas et dans quels délais l'Administration est-elle tenue de pourvoir aux vacances qui viennent à se produire pendant la période quaternale ?

1° Ma circulaire du 10 avril 1884 vous a déjà fait connaître que, si l'annulation de tout ou partie des élections est devenue définitive, l'assemblée des électeurs doit être convoquée dans le délai de deux mois (art. 40);

2° Lorsque, pour toute autre cause que l'annulation des élections, le conseil municipal se trouve réduit aux trois quarts de ses membres, il est, dans le délai de deux mois à dater de la dernière vacance, procédé à des élections complémentaires (art. 42).

La loi du 14 avril 1871 n'obligeait à procéder à des élections complémentaires que si le nombre des vacances excédait le quart des membres du conseil.

Désormais vous devrez convoquer les électeurs si le conseil municipal est réduit aux trois quarts de ses membres.

Toutefois, afin d'éviter la multiplicité des opérations électorales, des élections complémentaires ne seront obligatoires, dans les six mois qui précéderont le renouvellement intégral, que si le conseil municipal a perdu la moitié de ses membres au lieu du quart (art. 42).

Il est bien entendu, du reste, que l'autorité conserve toujours le droit de faire compléter le conseil municipal, alors même que le nombre des vacances est inférieur au quart; ·

3° Dans les communes divisées en sections, il y a toujours lieu de faire des élections partielles quand la section a perdu la moitié de ses conseillers (art. 42);

4° Enfin, le conseil municipal doit être complété, quel que soit le nombre des vacances, lorsqu'il y a lieu de remplacer le maire ou l'adjoint (art. 77).

La convocation doit être faite dans la quinzaine qui suit la vacance du poste de maire ou d'adjoint (art. 79).

Je reviendrai plus loin sur ce point.

Art. 43.

Suspension et dissolution des conseils municipaux.

L'article 13 de la loi du 5 mai 1855 vous accordait le droit de suspendre pour deux mois les conseils municipaux. La durée de la suspension pouvait être prolongée jusqu'à une année par le Ministre.

La nouvelle loi (art. 43) a restreint ce pouvoir dans des limites étroites. La durée de la suspension ne sera plus que d'un mois; la suspension devra être justifiée par un cas d'urgence et sera prononcée par un arrêté *motivé.*

Dans l'esprit du législateur, la suspension doit être aujourd'hui considérée moins comme une mesure répressive que comme une mesure conservatoire destinée à parer à des nécessités urgentes et à vous laisser le temps de provoquer la dissolution du conseil.

Mais, comme votre décision peut engager jusqu'à un certain point la liberté d'action du gouvernement, je désire que vous ne publiiez votre arrêté de suspension qu'après m'en avoir communiqué le texte.

Vous ne perdrez pas d'ailleurs de vue que la dissolution d'un conseil municipal ne peut plus être prononcée que par décret rendu en conseil des Ministres et publié au *Journal officiel*, et qu'aux termes de l'article 45 il doit être procédé à la réélection du conseil municipal dissous, dans le délai de deux mois à dater de la dissolution.

ART. 44 ET 45.

Délégation spéciale remplaçant le conseil municipal en cas de dissolution ou d'absence du conseil.

En cas de suspension ou de dissolution d'un conseil municipal, l'ancienne législation autorisait le gouvernement à nommer une commission municipale dont les membres ne pouvaient être en nombre inférieur à la moitié de l'effectif du conseil. Cette commission pouvait, en cas de dissolution, rester en fonctions jusqu'au renouvellement intégral, et possédait exactement les mêmes attributions que l'assemblée municipale élue.

La commission municipale est remplacée, en cas de dissolution, par une délégation nommée par décret du Président de la République.

2.

Le nombre des membres qui composent cette délégation est fixé à trois dans les communes où la population ne dépasse pas 35,000 habitants, et peut être porté jusqu'à sept dans les villes d'une population supérieure.

Le décret qui l'institue en nomme le président et, au besoin, le vice-président, quiremplissent les fonctions de maire (art. 84 et 87).

Le décret instituant la délégation doit être rendu dans les huit jours qui suivent la dissolution.

Vous devrez donc, avant de m'adresser vos propositions de dissolution, vous préoccuper du choix des délégués et m'en adresser la liste en même temps que votre rapport tendant à la dissolution.

En cas de suspension, le conseil municipal n'est pas suppléé.

Les pouvoirs de la délégation, qui remplace le conseil municipal dissous, sont limités aux actes de pure administration conservatoires et urgents. Elle ne peut engager les finances municipales au delà des ressources disponibles de l'exercice courant. Elle ne peut ni préparer le budget communal, ni recevoir les comptes du maire ou du receveur, ni modifier le personnel ou le régime de l'enseignement public.

Mais le président ou le vice-président, qui fait fonction de maire, a, notamment en ce qui concerne la présidence des bureaux de vote, les mêmes droits que les maires et adjoints élus. Il pourra aussi nommer et révoquer les employés communaux. Toutefois, en raison de la durée fort courte de ses pouvoirs, il ne devra user de son droit qu'avec une grande réserve.

Vous remarquerez, Monsieur le Préfet, que l'article 44 de la loi autorise la nomination d'une délégation non seulement en cas de dissolution d'un conseil municipal, mais encore en cas de démission de tous ses membres et lorsqu'aucun conseil ne peut être institué. Si donc, comme cela s'est présenté quelquefois, les électeurs d'une commune refusaient d'élire une assemblée municipale, il pourra désormais, grâce à l'institution des délégués, être pourvu à l'expédition des affaires courantes.

Les pouvoirs de la délégation n'auront, en général, qu'une très courte durée, puisqu'aux termes de l'article 45, § 1er, l'administration est tenue de faire procéder à de nouvelles élections dans le délai de deux mois.

Toutefois, si les électeurs ne se rendent pas à la convocation, la délégation continuera de fonctionner jusqu'à ce qu'il soit possible de constituer le nouveau conseil (art. 45, § 2).¹

CHAPITRE II

FONCTIONNEMENT DES CONSEILS MUNICIPAUX.

Les principales innovations que consacre ce chapitre ont trait : 1º à la publicité des séances ; 2º au droit accordé au maire de convoquer le conseil municipal chaque fois que l'intérêt de la commune l'exige ; 3º à la faculté légalement reconnue aux conseils de former dans leur sein des commissions pour l'étude des questions sur lesquelles ils ont à délibérer.

Je parlerai d'abord de la publicité des séances.

Art. 54.

Publicité des séances des conseils municipaux.

Le Parlement ne s'est pas décidé sans quelque hésitation à proclamer le principe de la publicité des séances ; mais il s'y est rallié par un sentiment de confiance dans la sagesse des populations. J'estime, en effet, qu'il est avantageux de leur permettre d'assister aux délibérations des assemblées municipales et de s'initier ainsi à la gestion des affaires publiques, en voyant traiter celles qui les touchent de plus près.

Mais il importe au plus haut point d'éviter tous désordres, et le maire, qui a la police de l'assemblée, est suffisamment armé pour les réprimer. La loi lui confère le droit de faire expulser de l'auditoire et même arrêter tout individu dont la présence serait une cause de trouble, et de dresser procès-verbal en cas de crime ou de délit (art. 55).

Afin d'assurer le bon ordre et la liberté des délibérations, vous recommanderez aux maires de prendre, dans la mesure que comporteront les installations et les ressources locales, les dispositions nécessaires pour que la partie de la salle des séances destinée au public soit séparée de l'enceinte réservée au conseil.

Je crois d'ailleurs devoir vous faire remarquer que le principe de la publicité des séances ne confère pas à tout individu le droit de pénétrer dans la salle du conseil. Comme pour les autres assemblées délibérantes dont les séances sont publiques (Sénat, Chambre des députés, conseils généraux), ce droit est subordonné à la place qui peut être affectée au public.

Dans les communes où la salle des séances a des dimensions restreintes, on n'admettra que le nombre de personnes qui pourront se placer sans amener d'encombrement.

Mais je compte sur le bon esprit qui anime les conseils municipaux pour que le principe nouveau inscrit dans la loi du 5 avril soit, malgré les restrictions qu'on sera peut-être obligé d'y apporter dans quelques communes, sincèrement et libéralement appliqué partout où il n'existera pas d'obstacles matériels insurmontables.

Les conseils municipaux ne recourront pas sans nécessité à la faculté que la loi leur reconnaît d'écarter le public, en se constituant en comité secret.

Certaines questions ne peuvent évidemment, sans danger pour les intérêts communaux, être discutées en public, si, par exemple, le conseil délibère sur des projets de concession, sur un procès à intenter, et plus généralement sur des questions où l'intérêt privé se trouve en opposition avec l'intérêt communal. La discussion des titres des candidats, s'il s'agit d'une désignation à faire par le conseil, et plus généralement les questions personnelles, demandent également à être traitées à huis clos. Il pourra être également nécessaire d'ajourner l'admission du public jusqu'à ce que les appropriations matérielles de la salle des séances aient été terminées.

Mais ce sont là des cas exceptionnels et le conseil municipal irait contre les intentions du législateur s'il écartait le public, d'une manière générale et permanente, en décrétant à chaque séance le comité secret.

Le comité secret, lorsqu'il est demandé, soit par le maire, soit par trois membres au moins du conseil, doit être mis aux voix sans aucune discussion. « L'assemblée, dit la loi, se prononce par assis et levé, sans débats. »

Mais le procès-verbal des délibérations prises en comité secret doit, comme les procès-verbaux des autres séances, être transcrit sur le registre et communiqué au public dans les formes tracées par les articles 57 et 58 de la loi.

SESSIONS.

Art. 46.

Sessions ordinaires.

La nouvelle loi maintient les quatre sessions ordinaires des conseils municipaux et la règle d'après laquelle le conseil municipal peut s'occuper, pendant les sessions ordinaires, de toutes les matières qui rentrent dans ses attributions.

Mais elle a modifié la durée des sessions et l'époque de leur ouverture. Les trois sessions de février, août et novembre durent quinze jours ; celle de mai, appelée session budgétaire, six semaines, au lieu de l'ancienne durée uniforme de dix jours ; de plus, aucune date n'est fixée pour l'ouverture des sessions qui peuvent avoir lieu à une époque quelconque du mois.

Vous continuerez, Monsieur le Préfet, à fixer une date générale pour l'ouverture des sessions ordinaires. Cette faculté ne vous est pas enlevée par la loi nouvelle et elle présente des avantages incontestables, notamment dans le cas très fréquent où l'Administration préfectorale a des communications à faire à tous les conseils du département.

La durée des sessions ordinaires peut être prolongée au delà de quinze jours ou six semaines, en vertu d'une autorisation du sous-préfet.

Art. 47.

Sessions extraordinaires.

D'après la loi de 1855, toute réunion extraordinaire du conseil municipal devait être autorisée.

Le préfet et le sous-préfet conservent, d'après la législation nouvelle, le droit de prescrire des convocations extraordinaires. Mais, j'appelle votre attention sur cette grave innovation, le maire peut également réunir le conseil municipal chaque fois qu'il le juge utile. Il est tenu de le convoquer quand une demande motivée lui est faite par la majorité des membres du conseil municipal en exercice. Dans l'un ou l'autre cas, en même temps qu'il convoque le conseil, il donne avis au préfet ou au sous-préfet de cette réunion et des motifs qui la rendent nécessaire.

La convocation contient alors l'indication des objets spéciaux et déterminés pour lesquels le conseil doit s'assembler, et le conseil ne peut s'occuper que de ces objets (art. 47).

La loi du 5 avril ne fixant pas la durée des sessions extraordinaires, on doit en conclure que cette durée n'est limitée que par l'épuisement de l'ordre du jour *spécial* et *déterminé*, qui doit être porté à la connaissance du préfet et des conseillers.

Art. 48.

Délai et forme des convocations (1).

La loi nouvelle ne fait plus de distinction entre les sessions ordinaires et les sessions extraordinaires pour le délai qui doit s'écouler entre la convocation et la réunion du conseil municipal. Ce délai est de *trois jours francs* dans tous les cas.

Le préfet et le sous-préfet conservent le droit d'abréger ce délai, en cas d'urgence.

Le délai de trois jours étant un délai franc, ni le jour de la convocation, ni celui de la réunion n'y sont compris.

Toutes les convocations sont faites par le maire. Elles sont mentionnées au registre des délibérations, affichées à la porte de la mairie et adressées par écrit et à domicile à tous les conseillers en exercice (art. 48).

La mention au registre et l'affichage à la porte de la mairie sont deux innovations qui ont pour but d'augmenter la publicité de la convocation.

Art. 49.

Rang des conseillers municipaux.

Les conseillers municipaux prennent rang entre eux dans l'ordre du tableau. Cet ordre est déterminé, même quand il y a des sections électorales :

(1) Les Imprimés pour convocations, pour têtes d'affiches des délibérations, pour registres, etc., etc., sont à l'Imprimerie Administrative Paul Dupont, 41 rue J.-J.-Rousseau, Paris.

1° Par la date la plus ancienne des nominations ;

2° Entre conseillers élus le même jour, par le plus grand nombre de suffrages ;

3° A égalité de voix, par la priorité d'âge.

Je vous rappelle qu'une copie du tableau du conseil municipal doit être, d'une manière permanente, déposée dans les bureaux de la mairie, de la sous-préfecture et de la préfecture, où chacun peut en prendre communication ou copie.

Ma circulaire du 10 avril dernier vous a invité à faire dresser ces tableaux aussitôt après les élections des 4 et 11 mai et à donner des instructions aux maires pour qu'ils soient constamment tenus à jour.

Si ces recommandations n'avaient pas encore été suivies dans quelques communes de votre département, vous devriez faire en sorte qu'il soit immédiatement satisfait aux prescriptions impératives de la loi.

Art. 50.

Nombre des conseillers dont la présence est nécessaire pour délibérer.

Le conseil municipal ne peut valablement délibérer que lorsque la majorité des membres en exercice assiste à la séance.

Quand, après deux convocations successives, à trois jours d'intervalle et dûment constatées, le conseil municipal ne s'est pas réuni en nombre suffisant, la délibération prise après la troisième convocation est valable, quel que soit le nombre des membres présents (art. 50).

Je n'ai pas d'indications particulières à vous donner sur cet article qui ne fait que reproduire les dispositions des lois anciennes. Je me borne à vous faire remarquer que le délai de trois jours entre les convocations successives est un délai franc comme celui dont parle l'article 48. Mais, à la différence de celui-ci, le délai dont il est question à l'article 50 ne peut pas être abrégé par le préfet ou le sous-préfet.

Art. 52.

Président.

Le maire ou, à défaut celui qui le remplace, c'est-à-dire les adjoints dans l'ordre des nominations et les conseillers municipaux dans l'ordre du tableau, préside le conseil municipal.

Il n'est fait à cette règle que deux exceptions :

1° Quand il s'agit d'élire le maire ou les adjoints, la présidence est dévolue au plus âgé des conseillers municipaux (art. 77);

2° Dans les séances où les comptes d'administration du maire sont débattus, le conseil municipal élit son président. — Dans ce cas, le maire peut, *même quand il ne serait plus en fonctions,* assister à la discussion; mais il doit se retirer au moment du vote. Le président adresse directement la délibération au sous-préfet (art. 52).

Art. 53.

Secrétaire.

Au début de chaque session et pour sa durée, le conseil municipal nomme un ou plusieurs de ses membres pour remplir les fonctions de secrétaire.

Il peut leur adjoindre des auxiliaires pris hors de son sein qui assistent aux séances, mais sans participer aux délibérations (art. 53).

Cette disposition consacre un usage assez généralement suivi dans la pratique antérieure, mais dont la régularité était contestée; l'adjonction au secrétaire d'auxiliaires pris en dehors du conseil est donc aujourd'hui légale. Mais si ces auxiliaires peuvent assister aux délibérations, ils n'ont pas le droit d'y participer; leur rôle se borne à tenir la plume, sous la surveillance et l'autorité du ou des secrétaires élus.

Art. 51.

Majorité. — Modes de scrutin.

Les délibérations sont prises à la majorité absolue des votants.

Le scrutin peut avoir lieu : 1° par assis et levé; 2° au scrutin public; 3° au scrutin secret.

Le premier mode est le plus ordinaire. Mais si un

quart des membres présents le demande, le vote a lieu
au scrutin public et les noms des votants sont insérés
au procès-verbal avec la mention de leur vote.

Voix prépondérante du président.

En cas de partage, la voix du président est prépondérante, soit que le vote ait lieu par assis et levé, soit
qu'il soit procédé au scrutin public.

Le bénéfice de la voix prépondérante appartient au
président, que ce soit le maire, l'adjoint ou même un
conseiller municipal qui occupe le fauteuil.

La voix du président était autrefois prépondérante
dans tous les modes de votation. La loi nouvelle fait
une exception quand le scrutin est secret.

Scrutin secret.

Le scrutin secret est obligatoire dans deux cas :

1° Lorsqu'il s'agit de procéder à une nomination ou
présentation. — Dans ce cas, après deux tours de scrutin, si aucun des candidats n'a obtenu la majorité absolue, il est procédé à un troisième tour de scrutin, et
l'élection a lieu à la majorité relative; à égalité de voix,
l'élection est acquise au plus âgé. Je me suis déjà expliqué sur ce point dans les instructions que je vous ai
adressées le 10 avril au sujet de l'élection des maires et
adjoints ;

2° Toutes les fois que le tiers des membres demande
le scrutin secret, même quand cette demande se trouve
en concurrence avec une demande de scrutin public.

Art. 57.

Procès-verbal.

Les délibérations sont inscrites par ordre de date sur un registre coté et parafé par le préfet ou le sous-préfet.

Elles sont signées par tous les membres présents à la séance, ou mention est faite de la cause qui les a empêchés de signer.

Cette disposition est la reproduction de la loi de 1855.

Je crois devoir vous rappeler qu'en principe les procès-verbaux de chaque séance doivent être, pendant le cours d'une session, arrêtés au commencement de la séance suivante; à la fin de la session, le procès-verbal de la dernière séance est arrêté sur-le-champ ou dans une dernière réunion tenue spécialement à cet effet.

Si l'ordre du jour était trop chargé pour qu'il fût matériellement possible de rédiger immédiatement le procès-verbal de la dernière séance, le plus long délai accordé par la loi serait celui de huitaine, puisqu'aux termes de l'article 62, toute délibération doit être dans ce délai adressée au sous-préfet.

En aucun cas, on ne peut considérer comme régulier l'usage suivi dans un trop grand nombre de communes et qui consiste à faire signer les conseillers individuellement et à domicile.

Art. 56.

Affichage du compte rendu.

Indépendamment du procès-verbal, il doit être rédigé un compte rendu sommaire de chaque séance du conseil municipal qui est affiché, dans la huitaine, à la porte de la mairie.

L'affichage n'était autrefois prescrit que pour les délibérations par lesquelles les conseils municipaux désignent leurs délégués aux élections sénatoriales. (Loi du 2 août 1875, art. 5.)

Cette mesure exceptionnelle devient aujourd'hui la règle.

La loi n'exige l'affichage que d'un compte rendu sommaire (*par extrait*, dit l'article 52). Mais si, pour éviter un nouveau travail de rédaction, on préférait, dans certaines circonstances, afficher la copie même du procès-verbal, il n'y aurait pas lieu de s'y opposer.

La loi ne dit pas par qui sera fait le compte rendu. Il appartiendra donc au maire, chargé de la publication, de le faire rédiger. En tout cas, l'affichage ne pourra avoir lieu qu'avec son visa.

Le délai accordé par l'article 66, pour provoquer l'annulation des délibérations, courant à partir de l'affichage, le maire devra constater cette date par un procès-verbal ou la mentionner au registre de la mairie.

ART. 58.

Communication des procès-verbaux et des autres actes
de la mairie.

D'après l'ancienne législation, les habitants et les contribuables de la commune ne pouvaient demander communication et prendre copie que des *délibérations* du conseil municipal. La loi du 5 avril étend cette faculté aux budgets et comptes de la commune et aux arrêtés municipaux.

Mais, aux termes de la loi du 7 messidor an ii (art. 37), la communication des pièces renfermées dans les dépôts publics doit avoir lieu avec « *les précautions convenables de surveillance* ». Ces précautions pourront résulter de la présence d'un employé de la mairie et de la fixation des moments pendant lesquels le public sera admis, de manière à ne pas nuire au service.

Dans les communes où les bureaux de la mairie ne sont pas ouverts d'une manière permanente, le maire fixera les jours et heures pendant lesquels le secrétaire devra se tenir à la disposition du public.

Les copies prises par les électeurs ou les habitants pourront être publiées sous leur responsabilité.

Art. 59.

Commissions.

Il était d'usage, dans un assez grand nombre de conseils municipaux, comme dans la plupart des assemblées délibérantes, de former des commissions d'étude chargées de l'examen préalable des affaires mises en délibération. Cet usage est consacré aujourd'hui par l'article 59 de la loi du 5 avril.

Le conseil municipal peut former, au cours de chaque session, des commissions chargées d'étudier les questions soumises au conseil soit par l'administration, soit par l'initiative d'un de ses membres.

Les commissions peuvent même tenir leurs séances dans l'intervalle des sessions, droit qui leur avait été contesté autrefois.

Elles sont convoquées par le maire, qui en est le président de droit, dans les huit jours qui suivent leur nomination ou à plus bref délai, sur la demande de la majorité des membres qui les composent. Dans cette première réunion, les commissions désignent un vice-président qui peut les convoquer et présider, si le maire est absent ou empêché.

La désignation d'un vice-président faite par la commission n'empêche pas le maire de se faire suppléer dans la présidence, s'il le juge convenable, par un de ses adjoints.

Les commissions formées au sein du conseil municipal ne peuvent être que de simples commissions d'étude; elles n'ont pas de pouvoir propre et ne peuvent exercer, même en vertu de délégations, aucune des attributions réservées par la loi au conseil municipal. Elles devront se borner à préparer et à instruire les affaires qui leur auront été renvoyées.

ART. 60.

Démission des conseillers municipaux.
Démissions d'office.

Tout membre du conseil municipal qui, sans motifs *reconnus légitimes par le conseil,* a manqué à trois convocations successives, peut, après avoir été admis à fournir ses explications, être déclaré démissionnaire par le préfet.

Les convocations successives dont parle l'article 60 se rapportent à des *sessions* ordinaires ou extraordinaires et non pas à des séances de la même session. C'est ainsi que l'ancienne législation a toujours été interprétée, et rien n'indique que le législateur ait entendu innover à cet égard.

Mais l'absence à trois convocations ne suffit pas pour entraîner la démission d'office ; il faut, en outre, et ce point est une innovation (1) sur laquelle j'appelle votre attention, que le conseil municipal n'ait pas admis comme légitimes les motifs d'absence invoqués par le conseiller.

A défaut d'excuses admises par le conseil, il vous appartient d'examiner, Monsieur le Préfet, si vous devez prononcer la démission d'office ; mais vous aurez, avant de statuer, à mettre l'intéressé en demeure de vous fournir ses explications. C'est là une formalité essentielle et dont l'omission entacherait de nullité votre décision.

Enfin, le conseiller déclaré démissionnaire peut, dans les dix jours de la notification de votre arrêté, se pourvoir devant le conseil de préfecture et, si sa réclamation n'est pas accueillie, déférer l'arrêté qui l'a rejetée, au Conseil d'État.

Démissions volontaires.

On ne regardait, avant la loi de 1884, les démissions volontaires comme définitives que lorsqu'elles avaient

---

(1) Ou plutôt un retour à la législation qui a précédé la loi de 1855. (Voir art. 36 de la loi du 21 mars 1831.)

3.

été acceptées par le préfet, et l'on tirait de ce principe la conséquence que la démission pouvait être retirée tant qu'elle n'avait pas été acceptée.

La loi du 5 avril dispose que les démissions volontaires, qui doivent être adressées au sous-préfet, sont définitives dès que le préfet en a accusé réception, et, à défaut de cet accusé de réception, un mois après un nouvel envoi de la démission constaté par lettre recommandée ; une acceptation expresse n'est donc plus nécessaire.

CHAPITRE III

ATTRIBUTIONS DES CONSEILS MUNICIPAUX.

ART. 61.

Différents genres d'attributions exercées par le conseil municipal de toute commune.

Le conseil municipal de toute commune exerce, avec un pouvoir plus ou moins étendu, les attributions dont il est investi.

1° Il statue sur les affaires de la commune par des

délibérations qui, en règle générale, sont exécutoires sans avoir besoin de l'approbation de l'autorité supérieure et qui, dans les cas exceptionnels limitativement déterminés, ne peuvent être mises à exécution qu'après avoir reçu cette approbation.

2° Il donne son avis, toutes les fois que cet avis est requis par les lois ou qu'il est demandé par l'administration supérieure.

3° Il réclame, s'il y a lieu, contre le contingent assigné à la commune dans l'établissement des impôts de répartition.

4° Il émet des vœux sur tous les objets d'intérêt local.

5° Il procède à diverses nominations telles que celles du maire, de l'adjoint ou des adjoints de la commune, des conseillers qui remplissent les fonctions de secrétaire dans le cours de ses délibérations, des auxiliaires qu'il juge convenable de leur donner, des commissions chargées d'étudier les affaires qu'il doit examiner, des commissions spéciales instituées pour débattre les questions intéressant la commune et une ou plusieurs communes voisines, les délégués appelés à participer aux élections sénatoriales, des conseillers qui font partie des commissions administratives des hospices et des bureaux de bienfaisance.

6° Il désigne les candidats soit à certaines fonctions comme celles de receveur municipal ou de répartiteur, soit à certains bénéfices, par exemple à la dispense provisoire du service militaire à titre de soutien de famille.

Ces différents genres d'attributions sont énumérées dans l'article 61 de la loi du 5 avril 1884, à l'exception des nominations qui forment l'objet d'autres dispositions de la nouvelle loi municipale ou de lois spéciales.

Les paragraphes de l'article 61 de la loi du 5 avril 1884 sur les avis, les réclamations ou les vœux du conseil municipal sont empruntés à la loi du 18 juillet 1837 (art. 21, 22 et 24). De sérieuses difficultés ne peuvent s'élever sur l'interprétation ou l'application de ces paragraphes.

Il en est de même du dernier paragraphe qui, dans le but d'assurer plus de garanties d'impartialité aux contribuables, substitue le conseil municipal au maire pour la présentation des candidats parmi lesquels le préfet ou le sous-préfet doit choisir les membres de la commission des répartiteurs qui n'en font pas partie de droit.

Le premier paragraphe de l'article 61, Monsieur le Préfet, a une importance toute particulière.

Sous l'empire de la législation antérieure, les délibérations prises par le conseil municipal sur les affaires de la commune devaient généralement être soumises à l'approbation de l'administration supérieure. Elles n'étaient exécutoires par elles-mêmes qu'exceptionnellement. Les principaux cas où elles avaient ce caractère étaient déterminés par la loi du 18 juillet 1837 (art. 17) et celle du 24 juillet 1867 (art. 1er, 3 et 9). Actuellement, au contraire, d'après la disposition essentiellement libérale du paragraphe 1er de l'article 61 de la loi du 5 avril 1884, elles sont, en règle générale, exécutoires sans avoir besoin de l'approbation de l'autorité supérieure. Elles ne sont subordonnées à cette approbation qu'à titre exceptionnel dans les cas prévus, soit par la nouvelle loi, soit par des lois spéciales.

Art. 62.

Transmission d'une expédition de toute délibération du conseil municipal à la sous-préfecture ou à la préfecture. — Récépissé.

L'article 62 de la loi du 5 avril 1884 exige qu'une expédition de toute délibération soit adressée, dans la huitaine, par le maire au sous-préfet, qui doit en constater la réception sur un registre et en délivrer immédiatement récépissé.

Le sous-préfet devra vous transmettre, le plus tôt possible, cette expédition avec ses observations, s'il y a lieu. Dans l'arrondissement chef-lieu, l'expédition vous sera adressée directement par le maire. Vous aurez à remplir les mêmes formalités que les sous-préfets en ce qui concerne la réception de l'expédition et la délivrance du récépissé.

Les dispositions de l'article 62 de la loi du 5 avril 1884 sont empruntées à la loi du 18 juillet 1837. Elles en diffèrent néanmoins sur certains points. L'article 18 de la loi du 18 juillet 1837 voulait que toute délibération réglementaire fût adressée immédiatement au sous-préfet. L'article 20 prescrivait la même formalité, mais sans fixer de délai à l'égard des délibérations subordonnées à l'approbation de l'autorité supérieure. L'article 62 de la nouvelle loi édicte un délai de huitaine pour la transmission au sous-préfet de toutes les délibérations, sans distinguer entre les délibérations réglementaires et celles qui ne le sont pas. Il impose, en outre, une nouvelle obligation au sous-préfet en décidant que la réception des délibérations sera constatée sur un registre (1). Cette innovation et celle qui concerne le délai s'expliquent d'elles-mêmes. Il était souvent difficile, sinon impossible, que le maire fît immédiatement la transmission d'une ampliation des délibérations réglementaires. D'un autre côté, il y avait de graves inconvénients à ce que le maire pût retarder indéfiniment l'approbation des délibérations qui ont besoin de la sanction de l'autorité supérieure. Enfin, il importait d'établir, indépendamment du récépissé, un moyen de preuve de l'envoi des délibérations.

Les formalités prescrites par l'article 61, Monsieur le Préfet, ne présentent pas seulement d'intérêt au point de vue de la constatation authentique ou officielle des délibérations intervenues ; elles sont, en outre, le moyen le plus efficace d'exercer en temps utile ou opportun vos pouvoirs de contrôle, d'approbation ou d'annulation. Vous veillerez à ce qu'elles soient remplies rigoureusement dans l'arrondissement chef-lieu de département comme dans les autres arrondissements.

ART. 63.

Délibérations nulles de plein droit.

Aux termes de l'article 63, sont nulles de plein droit:
1° Les délibérations du conseil municipal portant sur

(1) Quelques-uns de vos collègues m'ont demandé s'il y avait lieu d'établir un registre à souche pour les délibérations transmises en vertu de l'article 62. Un registre spécial ne me paraît pas indispensable. Les délibérations pourront être mentionnées aux registres d'ordre ordinaires de la préfecture ou de la sous-préfecture et les récépissés, dont la formule sera des plus simples, pourront être données sur feuilles séparées.

un objet étranger à ses attributions ou prises hors de ses réunions légales ;

2° Les délibérations prises en violation d'une loi ou d'un règlement d'administration publique.

Le premier paragraphe reproduit les dispositions des articles 28 et 29 de la loi du 21 mars 1831, 23 et 24 de la loi du 5 mai 1855.

Le second paragraphe est une innovation. Au lieu de charger l'administration supérieure d'annuler les délibérations violant une loi ou un règlement d'administration publique, le législateur veut que, comme celles prévues au premier paragraphe, elles soient réputées nulles parce qu'il n'y a également aucun doute sur leur nullité. Toutefois, d'après l'article 65, les délibérations nulles de plein droit subsistent tant que la nullité n'a pas été déclarée ou prononcée par l'autorité compétente.

ART. 64.

Délibérations annulables.

L'article 21 de la loi du 5 mai 1855 interdisait formellement aux membres du conseil municipal de prendre part aux délibérations concernant les affaires dans lesquelles ils ont un intérêt, soit en leur nom personnel, soit comme mandataires.

La loi du 5 avril 1884 n'a pas reproduit cette disposition; mais elle édicte implicitement la même prohibition dans l'article 64, déclarant annulables les délibérations auxquelles auraient pris part des membres du conseil municipal intéressés, en leur nom personnel ou comme mandataires, à l'affaire qui en fait l'objet. Le législateur de 1884, tout en maintenant la prohibition, laisse à l'autorité à laquelle il appartient de prononcer l'annulation, le pouvoir d'apprécier si la participation irrégulière d'un ou de plusieurs conseillers aux résolutions de l'assemblée a exercé une influence suffisante pour déplacer la majorité et, par suite, pour faire mettre à néant ces résolutions.

Art. 65.

Déclaration de la nullité de droit dont les délibérations sont entachées.

Les lois des 21 mars 1831 (art. 28 et 29) et 5 mai 1855 (art. 23 et 24) attribuaient au préfet le pouvoir de prononcer, en conseil de préfecture, la nullité de droit des délibérations municipales. La même attribution est donnée au préfet par l'article 65 de la loi du 5 avril 1884. Cet article veut que la nullité de droit puisse être déclarée par le préfet et proposée ou opposée par les parties intéressées, à toute époque. Les délibérations, en pareil cas, étant entachées d'un vice radical, le législateur n'a pas cru devoir admettre qu'il fût permis, en principe, de les invoquer valablement, à une époque quelconque, contre l'autorité supérieure ou les particuliers refusant de s'y conformer. L'article 65 ne fixe pas le délai dans lequel vous avez à prendre votre décision lorsque vous êtes saisi d'une demande en déclaration de nullité; mais il semble que, par analogie avec l'obligation qui vous est imposée par l'article 66 en ce qui touche la demande en annulation, vous devez statuer avant l'expiration du mois qui suit la délivrance du récépissé.

ART. 66.

Annulation des délibérations annulables.

Quand la délibération est seulement annulable, il y aurait de graves inconvénients à ce que l'éventualité de l'annulation se prolongeât un laps de temps considérable. De là le délai de trente jours imparti au préfet par l'article 66 pour annuler la délibération en conseil de préfecture, soit d'office, soit sur la demande déposée à la sous-préfecture ou à la préfecture par toute personne intéressée ou tout contribuable de la commune dans les quinze jours qui suivent l'affichage de la délibération à la porte de la mairie. Le législateur veut, en outre, que, si aucune demande n'a été produite pendant les quinze jours à partir de l'affichage le préfet puisse déclarer immédiatement qu'il ne s'oppose pas à la délibération.

Le délai de trente jours pour l'annulation part du dépôt du procès-verbal de la délibération à la sous-préfecture ou à la préfecture, lorsque le préfet statue d'office, et de la date du récépissé de la demande en annulation, lorsque sa décision intervient sur une demande de cette nature.

Il ne vous appartient plus, Monsieur le Préfet, en dehors du cas prévu par l'article 65 de la loi du 5 avril 1884, d'annuler les délibérations du conseil municipal comme vous en aviez le droit sous la législation antérieure, soit lorsque les délibérations, réglementaires ou autres, violaient une disposition de loi ou de règlement d'administration publique, soit lorsqu'elles étaient réglementaires et que les parties intéressées vous les avaient déférées pour cause d'inopportunité ou fausse application des faits, en vertu de l'article 18 de la loi du 18 juillet 1837.

Aujourd'hui vous devez vous borner à déclarer la nullité des délibérations nulles de plein droit d'après l'article 63 de la nouvelle loi. Quant aux délibérations exécutoires par elles-mêmes qui ne seraient critiquables qu'au point de vue de l'opportunité ou de l'application des faits, il vous appartiendrait seulement d'inviter le conseil municipal à les rapporter. J'ajouterai, à l'égard des délibérations subordonnées à votre sanction ou à une sanction supérieure, que l'autorité compétente a toujours la faculté de refuser son approbation et, par conséquent d'empêcher l'exécution des délibérations dont les effets entraîneraient de graves inconvénients.

Art. 67.

Recours contre l'arrêté préfectoral déclarant la nullité de droit ou prononçant l'annulation d'une délibération.

Lorsque le conseil municipal réclamait contre l'arrêté du préfet déclarant la nullité d'une délibération, il devait, aux termes de l'article 23 de la loi du 5 mai 1855, être statué par décret rendu après avis du Conseil d'Etat. Le législateur de 1855 n'admettait pas le recours des particuliers.

L'article 67 de la loi du 5 avril 1884 veut, en pareil cas, ou quand il s'agit de l'annulation prévue à l'article 66, que non seulement le conseil municipal, mais encore toute partie intéressée puisse se pourvoir devant le Conseil d'Etat et que le pourvoi soit introduit et jugé dans la forme des recours pour excès de pouvoirs. Le but de cette innovation est de protéger plus efficacement les attributions du conseil municipal et les droits ou les intérêts privés qui pourraient être lésés.

ART. 68.

Principaux objets sur lesquels les délibérations du conseil municipal ne sont exécutoires qu'après avoir été approuvées par l'autorité supérieure.

L'article 68 contient l'énumération du plus grand nombre des affaires de la commune sur lesquelles le conseil municipal prend des délibérations qui ne sont pas exécutoires par elles-mêmes, mais qui ne le deviennent qu'après avoir été approuvées par l'autorité supérieure.

Baux.

§ 1. Ce paragraphe concerne les baux dont la durée dépasse dix-huit ans.

Aux termes de l'article 19 de la loi du 18 juillet 1837, les délibérations des conseils municipaux portant sur les conditions des baux des biens pris à loyer par la commune, quelle qu'en fût la durée, n'étaient exécutoires qu'après approbation de l'autorité supérieure.

Sous l'empire de la nouvelle loi, qu'il s'agisse de biens ruraux ou de maisons et bâtiments donnés à ferme par les communes, ou de biens pris à loyer par elles, lorsque la durée du bail n'excède pas dix-huit années, les conseils municipaux en règlent les conditions. C'est seulement lorsque cette durée sera dépassée que la délibération devra être approuvée par vous en conseil de préfecture (art. 68 et 69) ou par décret (art. 115 et 145, § 3, combinés).

Le but du législateur a été d'appeler l'attention particulière de l'administration supérieure sur les baux qui, par leur durée prolongée, peuvent être de nature à compromettre, dans certains cas, les intérêts des communes.

Sous la loi du 18 juillet 1837 (art. 47) quelle que dût être la durée du bail, l'acte passé par le maire n'était exécutoire qu'après l'approbation préfectorale. La loi du 18 juillet 1837 étant abrogée, cette formalité n'est plus à remplir ; mais comme elle constituait une garantie qui disparaît, vous devrez examiner avec d'autant plus de soin les délibérations qui seront soumises à votre approbation.

Aliénations et échanges.

§ 2. L'article (68, § 2) soumet à l'approbation de l'autorité supérieure les aliénations et échanges de propriétés communales.

La nouvelle loi maintient à cet égard l'ancienne législation.

Acquisitions, constructions, réparations.

§ 3. Le paragraphe 3 subordonne également à la sanction de l'autorité supérieure les délibérations portant sur les acquisitions d'immeubles, les constructions nouvelles, les reconstructions entières ou partielles, les projets, plans et devis de grosses réparations et d'entretien, quand la dépense totalisée avec les dépenses de même nature pendant l'exercice courant dépasse les limites des ressources ordinaires et extraordinaires que les communes peuvent se créer sans autorisation spéciale.

La loi du 24 juillet 1867 (art. 1) disposait que les conseils municipaux règlent par leurs délibérations :

1° Les acquisitions d'immeubles, lorsque la dépense, totalisée avec celle des autres acquisitions, déjà votées dans le même exercice, ne dépassait pas le dixième des revenus ordinaires de la commune ; 2° les projets, plans et devis de grosses réparations et d'entretien, lorsque la dépense totale afférente à ces projets et aux autres projets de même nature, adoptés dans le même exercice, ne dépassait pas le cinquième des revenus ordinaires de la commune ni, en aucun cas, une somme de 50,000 francs.

Ces dispositions sont modifiées dans un sens très libéral par la loi du 5 avril 1884.

Elle donne pouvoir aux conseils municipaux de régler par leurs délibérations les diverses opérations indiquées au paragraphe 3 de l'article 68, lorsque la dépense totalisée avec les dépenses de même nature pendant l'exercice courant ne dépasse pas les limites des ressources ordinaires et extraordinaires que les communes peuvent se créer sans autorisation spéciale, dans les cas prévus notamment par les articles 139 et 141.

Ce n'est, en principe, que lorsque cette proportion est dépassée que les délibérations sont subordonnées à l'approbation de l'autorité supérieure ; mais dans tous les cas, quand il y a lieu de recourir à la voie de l'expropriation, une déclaration d'utilité publique, émanée de l'autorité compétente, est indispensable.

Transactions.

§ 4. Le paragraphe 4 est relatif aux transactions. Les délibérations les concernant étaient, en règle générale, soumises à votre approbation d'après le décret du 25 mars 1852, tableau A, n° 43. Sous ce rapport, la loi nouvelle n'apporte aucune modification à la législation antérieure, sauf l'abrogation expresse, par l'article 168, de l'arrêté du 21 frimaire an XII qui indiquait une procédure spéciale à suivre en cette matière. La consultation de jurisconsultes qu'il prescrivait n'est plus, dès lors, obligatoire. Vous apprécierez, selon les circonstances, s'il convient d'inviter les communes à y recourir.

Vous devrez statuer en conseil de préfecture lorsque vous aurez à approuver des conventions de cette nature (art. 69).

Changement d'affectation de propriétés communales.

§ 5. Le paragraphe 5 vise le changement d'affectation d'une propriété communale déjà affectée à un service public.

Cette disposition reproduit celle qui était édictée implicitement par l'article 19, § 3, de la loi du 18 juillet 1837.

La loi du 24 juillet 1867 (art. 1 , § 8) donnait aux conseils municipaux le droit de régler, par leurs délibérations, l'affectation d'une propriété communale à un service communal, lorsque cette propriété n'était encore affectée à aucun service public, sauf les règles prescrites par des lois particulières.

Ils conservent le même droit sous la nouvelle loi d'après les articles 61 et 68 combinés.

Vaine pâture.

§ 6. Le paragraphe 6 exige que les délibérations relatives à la vaine pâture soient soumises à l'approbation de l'autorité supérieure.

La loi du 18 juillet (art. 19, § 8) subordonnait à cette sanction non seulement les délibérations ayant pour objet la vaine pâture, mais encore celles concernant le parcours. La loi du 5 avril 1884 n'ayant pas maintenu sur ce dernier point la législation ancienne, on doit en inférer que les conseils municipaux prennent des délibérations réglementaires relativement au parcours.

Vous devez statuer en conseil de préfecture dans le cas prévu au paragraphe 6 (art. 69).

Voirie et taxes municipales.

§ 7. En présence des intérêts nombreux ou considérables et des questions souvent délicates qui se rattachent aux objets énoncés dans le paragraphe 7 de l'article 68, le législateur a pensé que les délibérations du conseil municipal sur ces objets devaient être subordonnées à l'approbation de l'administration supérieure. Il ne fait, au surplus, que maintenir la législation précédente en ce qui touche le classement, le déclassement, le redressement ou le prolongement, l'élargissement, la suppression des rues et places publiques, la création et la suppression des promenades, squares ou jardins publics, champs de foire, de tir ou de course, l'établissement des plans d'alignement, les modifications à ces plans, le tarif des droits de voirie. Mais il apporte des changements aux règles antérieures concernant la dénomination des rues et places publiques, le nivellement des voies municipales, le tarif des droits de stationnement et de location sur les dépendances de la grande voirie, les tarifs de divers droits, c'est-à-dire des droits de stationnement, de place ou de location à percevoir soit dans les halles, foires et marchés, soit sur les dépendances de la petite voirie ou autres lieux compris dans le domaine communal, soit pour les concessions de terrains dans les cimetières.

Dénomination des rues.

La loi du 18 juillet 1837 réservait implicitement au maire, comme mesure d'ordre ou de police municipale, la dénomination des rues et places publiques. L'article 68 (§ 7) de la loi du 5 avril 1884, la lui retire en la rangeant dans les attributions du conseil municipal. Désormais, par conséquent, c'est le conseil municipal qui désignera le nom des rues ou places situées sur le territoire de la commune. La délibération qu'il prendra à cet effet devra être soumise à votre sanction, conformément aux dispositions combinées du décret du

25 mars 1852 sur la décentralisation administrative (art. 1, tableau A, n° 55) et de la nouvelle loi municipale (art. 68 et 69).

Toutefois la loi du 5 avril 1884 ne porte aucune atteinte aux principes posés par l'ordonnance du 10 juillet 1816 relativement aux dénominations ayant le caractère d'un hommage public. Ces dénominations continueront, dès lors, d'être soumises à l'autorisation du chef de l'État.

Je me réfère à ce sujet, Monsieur le Préfet, aux instructions de mes prédécesseurs, notamment à celles des 10 février 1856 et 20 octobre 1876 qui recommandent à chaque préfet de s'abstenir de soumettre à l'administration centrale de l'intérieur les propositions tendant à décerner des hommages de reconnaissance publique à des personnages vivants, ou sur la vie desquels l'histoire ne s'est pas encore prononcée.

J'examinerai sous les articles 133 et 136 les autres innovations résultant du paragraphe 7 de l'article 67.

Dons et legs.

§ 7. Je réunis sous les articles 111 et 112 mes observations sur les attributions du conseil municipal en matière de dons et legs faits à la commune.

Budget communal, crédits supplémentaires, contributions extraordinaires et emprunts.

§ 9, 10, 11 et 12. Je crois également devoir reporter sous les articles 132 à 150 les observations auxquelles peuvent donner lieu les paragraphes 9, 10, 11 et 12 de l'article 68.

Foires et marchés.

§ 13. La loi du 5 avril 1884 (art. 68, § 13) laisse subordonnées à l'approbation du conseil général, conformément à l'article 46 (n° 24) de la loi du 10 août 1871, et aux dispositions de la loi du 26 septembre 1879, les délibérations des conseils municipaux ayant pour objet l'établissement, la suppression ou le changement des foires et marchés autres que les simples marchés d'approvisionnement.

Les délibérations relatives à ces derniers marchés seront désormais exécutoires par elles-mêmes. Sous l'empire de la loi du 24 juillet 1867 (art. 11), elles devaient être soumises à l'approbation du préfet. Le législateur de 1884 les a considérées comme pouvant en être dispensées sans inconvénient.

Délai pendant lequel est suspendue l'exécution des délibérations réglementaires.

Vous remarquerez, Monsieur le Préfet, qu'aux termes des dispositions finales de l'article 68, les délibérations qui n'ont besoin d'aucune approbation ne deviennent néanmoins exécutoires qu'un mois après le dépôt du procès-verbal à la préfecture ou à la sous-préfecture.

La loi du 18 juillet 1837 (art. 18) édictait une disposition analogue. Elle permettait, en outre, au préfet de suspendre l'exécution des délibérations pendant un autre délai de trente jours. La nouvelle loi ne vous donne plus ce pouvoir. Elle ne veut pas que le délai, pendant lequel l'exécution des délibérations réglemen-

taires est suspendu soit prolongé au delà d'un mois. Vous
devez, dès lors, faire toute diligence pour examiner si
les délibérations sont régulières et prendre, quand il y
a lieu avant qu'elles puissent être mises à exécution, votre
décision en prononçant la nullité ou les annulant en vertu
de l'article 65 ou de l'article 66. Il vous appartient, d'ailleurs, d'abréger le délai suspensif lorsque vous aurez
reconnu la régularité et l'opportunité des délibérations.
Il conviendra de le faire, dans ce cas, toutes les fois que
l'exécution sera vivement désirée par les habitants ou
présentera un caractère d'urgence.

Sous la législation précédente, dès qu'une délibération réglementaire était prise, le maire devait, avant d'en
adresser une expédition à la sous-préfecture ou à la
préfecture, avertir les habitants qu'ils pouvaient prendre connaissance de la délibération. Cette formalité,
dont le but était de permettre aux parties intéressées
de provoquer l'annulation de la délibération pendant le
délai de trente jours qui précédait le moment d'exécution, n'est plus imposée au maire, l'ordonnance du
18 décembre 1838, qui la prescrivait, étant abrogée par
l'article 168 de la loi du 5 avril 1884. Il est suppléé à
l'avertissement qu'exigeait cette ordonnance par la publicité des séances du conseil municipal et le compte
rendu qui doit être affiché conformément à l'article 56
de la nouvelle loi.

Art. 69.

Autorités auxquelles il appartient de rendre exécutoires les délibérations subordonnées à une sanction supérieure. — Compétence générale du Préfet. — Délai dans lequel il doit statuer. — Voie de recours.

Généralement, c'est au préfet lui-même qu'il appartient de rendre exécutoires, par son approbation, les délibérations des conseillers municipaux sur les objets énoncés en l'article 68. La sanction d'une autre autorité supérieure n'est indispensable que dans des cas exceptionnels déterminés par les lois ou règlements. Elle doit, dans ces cas, émaner, selon les distinctions édictées législativement ou réglementairement, soit du Parlement ou du Président de la République, soit d'un Ministre, du conseil général ou de la commission départementale.

Le préfet est tenu de statuer en conseil de préfecture lorsqu'il s'agit de délibérations concernant les baux dont la durée dépasse dix-huit ans, les aliénations ou échanges de propriétés communales, les transactions ou la vaine pâture. Ces matières présentant, parfois, des questions délicates, le législateur veut que le préfet, avant de prendre sa décision, s'éclaire des lumières ou de l'expérience de fonctionnaires appelés souvent à se prononcer sur des difficultés analogues. La loi du 18 juillet 1837 exigeait déjà la même garantie pour les aliénations, les échanges et les transactions intéressant les communes. L'article 69 de la loi l'étend à la vaine pâture.

Lorsque le préfet refuse son approbation ou qu'il ne fait pas connaître sa décision dans le délai d'un mois à partir de la date du récépissé, le conseil municipal peut se pourvoir devant le Ministre de l'intérieur.

Le délai d'un mois est considéré par le législateur comme suffisant pour que vous puissiez vous prononcer, en pleine connaissance de cause, sur les diverses délibérations soumises à votre approbation.

La décision que vous avez à prendre doit, dès lors, en principe, intervenir avant l'expiration de ce délai.

Il importe qu'elle la précède le plus souvent possible, surtout dans les cas d'urgence. Quand une délibération est incomplète ou irrégulière, le conseil municipal doit être appelé, dès que vous l'avez examinée, à la compléter ou à la régulariser. En ce cas, vous avez, d'après l'esprit, sinon le texte de l'article 69, un nouveau délai de trente jours, substitué au premier, pour statuer à partir de la délivrance du récépissé du procès-verbal de la seconde délibération. Il est d'ailleurs de votre devoir, en pareille circonstance comme en toute autre, de veiller à ce que la décision à intervenir ne subisse pas de longs retards.

La disposition de l'article 69 ouvrant une voie de recours devant le Ministre de l'intérieur n'est que la consécration d'une règle hiérarchique depuis longtemps admise et qu'avait édictée formellement l'article 6 du décret du 25 mars 1852 sur la décentralisation administrative.

Art. 70

Avis que le conseil municipal est appelé à donner.

Le conseil municipal doit nécessairement être appelé à donner son avis sur divers objets intéressant plus ou moins la commune. Ceux de ces objets les plus importants sont indiqués dans l'article 70 de la loi du 5 avril 1884, qui reproduit, sauf quelques modifications, l'article 21 de la loi du 18 juillet 1837. Il a été fait dans le paragaphe 3 une addition relative aux projets de nivellement de la grande voirie. Cette addition est justifiée par l'intérêt que présentent pour les communes de semblables projets.

Les paragraphes 2, 4 et 5 concernent :

Les circonscriptions relatives à la distribution des secours publics ;

La création des bureaux de bienfaisance ;

Les budgets et comptes des hospices, hôpitaux et autres établissements de bienfaisance, des fabriques et autres administrations préposées aux cultes, dont les ministres sont salariés par l'Etat ;

Les autorisations d'acquérir, d'aliéner, d'emprunter, d'échanger, de plaider, de transiger, demandées par ces mêmes établissements ;

L'acceptation des dons et legs qui leur sont faits.

Déjà l'ordonnance du 31 octobre 1821 (art. 12) avait appelé le conseil municipal à donner son avis sur les emprunts, acquisitions, ventes ou échanges d'immeubles des bureaux de bienfaisance, et sur le règlement de leurs

comptes et budgets; mais elle restreignait cette intervention aux établissements qui recevaient des subventions sur les revenus communaux.

Cette distinction, supprimée implicitement par l'article 21 de la loi du 18 juillet 1837, n'existe plus.

Les comptes des établissements ecclésiastiques étaient
rarement communiqués pour contrôle aux assemblées
municipales qui, aux termes de l'article 89 du décret
du 30 décembre 1809, pouvaient seulement en exiger
une copie pour leurs archives. Elles ne pouvaient réclamer la production des budgets fabriciens et consi-
storiaux, et critiquer ces documents que lorsque les fabriques et consistoires formaient des demandes de
subventions.

À l'avenir, une copie des budgets et des comptes des
fabriques et consitoires, dressés conformément à la circulaire du 21 novembre 1879, devra être transmise,
chaque année, au conseil municipal qui, après avoir
examiné les budgets et comptes à la session de mai,
pourra toujours faire parvenir à la préfecture telles
observations qu'il jugera convenables, touchant les articles portés en recettes ou en dépenses.

Il convient de ne [pas perdre de vue que le conseil
municipal, dans toutes les affaires ci-dessus énumérées,
n'est appelé qu'à donner un simple avis. Cet avis n'impose aucune obligation, soit à l'administration supérieure,
soit aux établissements mentionnés à l'article 70.

Sans doute, quand le conseil municipal alloue une
subvention qui lui est demandée pour un établissement
ou un service en dépendant; il peut indiquer ses vues
sur le meilleur emploi à donner à la subvention; il ne
lui appartient pas d'arrêter le détail des dépenses ni de
dicter des conditions. L'autorité qui approuve le budget

conserve en principe le droit de régler les crédits, selon qu'elle le juge utile.

Les objets non mentionnés dans l'article 70 de la loi du 5 avril 1884, sur lesquels il est indispensable de prendre l'avis du conseil municipal, sont spécifiés dans plusieurs lois et règlements. En dehors des cas ainsi déterminés, le préfet peut toujours consulter le conseil municipal.

De même que l'autorité supérieure a toujours la faculté de ne pas suivre l'avis du conseil municipal, de même celui-ci ne saurait jamais être contraint à le donner, lors même qu'une loi ou un règlement impose à l'administration l'obligation de le provoquer. Si, régulièrement convoqué et requis, il refuse ou néglige de se prononcer, la mesure sur laquelle il devrait être consulté peut être prise valablement.

Art. 71.

Attributions du conseil municipal en ce qui touche les comptes d'administration du maire et les comptes de deniers des receveurs de la commune.

L'article 71 consacre un droit qui appartient, par la nature même des choses, au conseil municipal. Il décide que le conseil délibère sur les comptes d'administration qui lui sont présentés annuellement par les maires avant d'être soumis à la sanction de l'autorité supérieure conformément à l'article 51. Cette disposition est empruntée à l'article 23 de la loi du 18 juillet 1837. L'article 71 de la loi du 5 avril 1884 veut, en outre, comme le prescrivait également l'article 23 de la loi du 18 juillet 1837, que le conseil municipal soit appelé à entendre, débattre et arrêter les comptes de deniers du receveur municipal, préalablement au règlement et à l'apurement définitif qui émanent du conseil de préfecture ou de la Cour des comptes, selon les prescriptions de l'article 157.

ART. 72.

Actes interdits spécialement au conseil municipal.

L'article 61 de la nouvelle loi municipale a reproduit la disposition de la loi du 18 juillet 1837 (art. 24) reconnaissant au conseil municipal la faculté d'émettre des vœux sur tous les objets d'intérêt local.

L'article 72 de la loi du 5 avril 1884 lui interdit formellement, comme le faisait implicitement la législation antérieure, de formuler des vœux politiques.

Il lui défend également de publier des proclamations et adresses. Les lois des 18 juillet 1837 (art. 24) et 5 mai 1855 (art. 25) édictaient déjà cette prohibition.

Enfin l'article 72 interdit au conseil municipal de se mettre en communication avec un ou plusieurs conseils municipaux, hors les cas prévus par les lois et notamment par les articles 116, 117 et 118 de la nouvelle loi municipale.

Les actes et délibérations intervenus contrairement aux prescriptions de l'article 72 sont nuls de plein droit d'après l'article 63. La nullité est prononcée par le préfet conformément aux dispositions de l'article 65.

Les prohibitions édictées par l'article 72 de la loi du 5 avril 1884 ont pour but de maintenir le conseil municipal dans le rôle que le législateur lui assigne et d'où il ne pourrait sortir sans porter atteinte à des intérêt d'ordre supérieur. Vous veillerez avec le plus gran soin à ce qu'elles soient rigoureusement observées.

La violation de ces prohibitions ne peut être réprimé que par l'application de l'article 65 ou par la suspensio et la dissolution du conseil.

L'article 26 de la loi du 5 mai 1855 qui déclarait pas sibles de la peine de l'emprisonnement, tout éditeu imprimeur, journaliste ou autre ayant rendu publics le actes interdits au conseil municipal se trouve abrog par l'article 168 de la nouvelle loi.

TITRE III

Des maires et des adjoints.

Ma circulaire du 10 avril dernier vous a entretenu des dispositions de la loi nouvelle relatives à l'élection des maires et adjoints (art. 73, 76, 77, 78, 79 et 80). Je n'y reviendrai pas ici et me bornerai à vous donner quelques explications sur les autres articles du titre III.

Art. 74.

Gratuité des fonctions municipales.

Les fonctions de maire, d'adjoint et de conseiller municipal sont gratuites. Tel est le principe de l'ancienne législation qui a été maintenu d'une façon expresse par la loi du 5 avril 1884 (art. 74). Mais, en même temps, on a jugé nécessaire d'inscrire dans la loi certains tempéraments qui étaient d'ailleurs, précédemment passés en usage et qui ne sont pas en contradiction avec le principe même de la gratuité.

Ainsi les maires, adjoints et conseillers municipaux ont droit au remboursement des frais que nécessite l'excution des mandats spéciaux qui peuvent leur être confiés, tels que les frais de voyage et autres du même genre qu'ils exposent pour les affaires municipales.

Ce que la loi a entendu interdire, c'est que les personnes dénommées à l'article 74 retirent de leurs fonctions municipales un profit personnel et soient indemnisées du temps et du travail qu'elles consacrent aux affaires de la commune. Mais il ne leur est pas interdit de réclamer le remboursement de leurs avances, sur pièces justificatives, sans qu'aucune allocation de ce genre puisse leur être accordée par voie d'abonnement.

Un traitement plus favorable a cependant été fait aux maires. Le conseil municipal est autorisé à leur voter, sur les ressources ordinaires de la commune, des frais de représentation. La nécessité de ces allocations ne se rencontrera que dans quelques grandes villes, où les fonctions municipales sont très onéreuses et où il paraîtra équitable d'indemniser le maire des dépenses exceptionnelles qu'entraîne sa situation.

Mais il ne faut pas perdre de vue que le législateur n'a entendu ouvrir aux conseils municipaux qu'une simple faculté dont ils sont toujours libres de ne pas user et, en second lieu, que l'indemnité accordée au maire ne doit pas être un traitement déguisé et ne peut être accordée que sur les fonds du budget ordinaire.

Il vous appartiendra, Monsieur le Préfet, en vertu de votre droit de contrôle, de refuser votre approbation aux

projets de budgets qui seraient dressés contrairement à
ces principes.

Art. 75.

Adjoints spéciaux.

L'article 75 de la nouvelle loi prévoit la création d'adjoints spéciaux lorsqu'un obstacle quelconque ou l'éloi-
gnement rend difficiles, dangereuses ou momentané-
ment impossibles les communications entre le chef-lieu
et une fraction de la commune.

La création d'un poste d'adjoint spécial ne peut avoir
lieu, désormais, que sur la demande du conseil municipal ; mais il vous est toujours loisible, Monsieur le Préfet, de provoquer cette demande.

La création d'un poste d'adjoint spécial peut être utile-
ment proposée pour éviter une demande de création de
commune nouvelle, lorsque la difficulté des communications est le principal motif invoqué à l'appui de la séparation.

Vous ferez procéder à une enquête *de commodo et incommodo* sur les demandes qui vous seront adressées,
et vous aurez soin de joindre au dossier un plan en
double expédition, sur lequel seront marquées les limites
de la section qui devra former à l'avenir une circonscription d'état civil.

Une fois le poste créé, les adjoints spéciaux sont
nommés par le conseil municipal dans les mêmes formes
que les autres adjoints (*voir circ. du 10 avril 1884*).

Ils ne comptent pas dans le nombre des adjoints fixé par l'article 73.

La loi du 5 avril 1884 limite expressément leurs attributions à l'exercice des fonctions d'officier de l'état civil; mais elle ajoute qu'ils peuvent être chargés de l'exécution des lois et règlements de police, dans la section.

Art. 81.

Durée des pouvoirs des maires et adjoints.

Les maires et adjoints sont nommés pour la même durée que le conseil municipal (art 81), c'est-à-dire pour quatre ans.

Mais si le conseil qui a élu le maire et les adjoints vient à être renouvelé intégralement, soit par suite du renouvellement général des conseils municipaux, soit par suite de démission collective, soit par suite de dissolution ou de l'annulation totale des opérations électorales, les pouvoirs du maire et des adjoints cessent en même temps que ceux de l'assemblée qui les a élus.

Toutefois, les officiers municipaux conservent, sous la réserve dont je parlerai tout à l'heure, pour le cas où une délégation spéciale a été nommée, l'exercice de leurs fonctions jusqu'aux élections (*voir circ du 10 avril*), et ce n'est qu'après l'installation du nouveau conseil que les premiers conseillers municipaux dans l'ordre du tableau prennent les fonctions de maire et d'adjoint, si le conseil n'a pu procéder à l'élection de la municipalité dès sa première réunion.

La loi ajoute que les maires et adjoints ne conservent

leurs fonctions jusqu'à l'installation de leurs successeurs que « sauf les dispositions des articles 80, 86 et 87 ». L'article 80 énumère les causes d'inéligibilité aux fonctions de maire; l'article 86 prévoit les cas de révocation ou de suspension; l'article 87, le cas où une délégation spéciale étant instituée pour faire provisoirement les fonctions du conseil municipal dissous ou démissionnaire, le président de cette délégation remplit les fonctions de maire. Dans ces divers cas, le maire élu remet le service à l'adjoint, au conseiller municipal ou au délégué qui est chargé de le suppléer.

Enfin les maires et adjoints peuvent donner leur démission, qui sera, comme celle des conseillers municipaux, adressée au sous-préfet, et dont le préfet devra accuser réception (art. 60). Elle sera définitive à partir de cet accusé de réception ou un mois après un nouvel envoi de la démission constaté par lettre recommandée.

Quant à la décision qui aurait annulé l'élection d'un maire ou d'un adjoint, elle n'a d'effet que lorsqu'elle est devenue définitive, soit par le rejet du pourvoi formé ontre l'arrêté du conseil de préfecture, soit par l'expiration du délai accordé pour ce pourvoi (art. 40 et 79). Ainsi que je l'ai dit dans ma circulaire du 10 avril, le conseil municipal doit, alors, s'il est complet, être convoqué dans la quinzaine pour élire un nouveau maire ou être complété, dans le même délai, s'il existe des vacances (art. 79).

Aussitôt le nouveau maire élu, l'ancien lui remet le service.

Démission d'office des maires et adjoints.

La loi nouvelle n'a pas déterminé la forme dans laquelle les maires et adjoints qui, postérieurement à leur élection, se trouvent dans un cas d'exclusion ou d'incapacité doivent être déclarés d'office démissionnaires. Vous devrez donc, Monsieur le Préfet, appliquer par analogie les dispositions de l'article 36 relatif aux conseillers municipaux qui se trouvent dans le même cas, et les intéressés jouiront des mêmes voies de recours.

ART. 82.

Délégations données par le maire.

Les adjoints et les conseillers municipaux peuvent être appelés à remplacer le maire dans deux cas :

1° Lorsque le maire est absent, suspendu, révoqué ou simplement empêché, et alors le remplacement a lieu de plein droit en vertu d'une délégation légale. Je parlerai de ce cas sous l'article 83 ;

2° Le maire, bien que présent, mais qui veut se décharger d'une partie de ses fonctions, peut les confier, soit à titre temporaire, soit à titre permanent, à un ou plusieurs de ses adjoints ou à des conseillers municipaux (art. 82).

La délégation peut être faite pour un objet spécial ou comprendre l'ensemble d'un ou de plusieurs services, tels que l'état civil, l'instruction publique, l'octroi, etc.

La délégation doit être faite par arrêté transcrit au registre de la mairie.

La délégation, lorsqu'elle est permanente, subsiste tant qu'elle n'a pas été rapportée ; elle devra donc l'être, s'il y a lieu, dans la même forme qu'elle a été donnée.

La législation antérieure portait que le maire pouvait déléguer une partie de ses fonctions à un ou plusieurs de ses adjoints ou, à défaut d'adjoint, à ceux des conseillers municipaux qui *sont appelés à en faire les fonctions*. On avait conclu de ce texte que la délégation devait être donnée aux conseillers municipaux dans l'ordre du tableau. La nouvelle loi n'a pas maintenu cette disposition.

La délégation sera donnée d'abord aux adjoints, sans qu'il soit nécessaire d'observer de rang entre eux ; mais, en l'absence ou en cas d'empêchement des adjoints, elle peut être donnée à des conseillers municipaux, quel que soit leur rang d'inscription au tableau.

Les adjoints ou les conseillers délégués n'exercent leurs fonctions que sous la surveillance et la responsabilité du maire. Ils doivent toujours mentionner, dans les actes qu'ils accomplissent en cette qualité, la délégation en vertu de laquelle ils agissent.

Art. 83.

*Remplacement du maire lorsque ses intérêts sont
en opposition avec ceux de la commune.*

Dans les cas où les intérêts du maire se trouvent en opposition avec ceux de la commune, le conseil municipal désigne un autre de ses membres pour représenter la commune, soit en justice, soit dans les contrats.

Cet article, qui n'existait pas dans la législation antérieure, s'explique de lui-même.

Art. 84.

*Remplacement du maire en cas d'absence,
de suspension ou d'empêchement.*

En cas d'absence, de suspension, de révocation ou de tout autre empêchement, le maire est provisoirement remplacé, dans la plénitude de ses fonctions, par un adjoint, dans l'ordre des nominations.

Cette disposition est empruntée à la loi du 5 mai 1855, mais elle ajoute aux cas dans lesquels les adjoints remplacent le maire de plein droit, celui de suspension et de révocation.

Il ne s'agit plus ici de la délégation spéciale donnée par le maire présent, mais d'une dévolution légale de pouvoirs qui confère au suppléant du maire la plénitude de ses fonctions, lorsque, pour une cause quelconque, le chef de la municipalité se trouve empêché de les exercer.

A défaut d'adjoints, la loi du 5 mai 1855 vous autorisait, Monsieur le Préfet, à désigner un conseiller municipal pour suppléer le maire. Désormais, cette désignation sera faite par le conseil lui-même.

Mais cette assemblée ne pourra choisir qu'un conseiller capable de remplir les fonctions de maire, puisqu'aux termes de l'article 80 ceux qui sont inéligibles comme maire ou adjoint ne peuvent en remplir, même temporairement, les fonctions.

A défaut de désignation faite par le conseil municipal, le suppléant du maire sera pris dans l'ordre du tableau.

Art. 85.

Remplacement du maire qui refuse d'accomplir un des actes qui lui sont prescrits par la loi.

Dans le cas où le maire refuserait ou négligerait d'accomplir un des actes qui lui sont prescrits par la loi, vous pouvez, Monsieur le Préfet, après l'en avoir requis, y procéder d'office par vous-même ou par un délégué spécial.

En reproduisant textuellement dans la nouvelle loi l'article 15 de la loi du 18 juillet 1837, le législateur a entendu maintenir au préfet un droit essentiel, celui de veiller à l'accomplissement régulier des actes prescrits formellement par la loi, tels que la rédaction des actes de l'état civil, la revision des listes électorales, etc. Mais, pour user de la faculté que vous accorde l'article 85, il faut que le maire, ou son suppléant légal, ait été, au préalable, mis en demeure d'accomplir l'acte que la loi lui prescrit de faire.

Vous pouvez, soit procéder vous-même à l'accomplissement de l'acte que le maire refuse d'exécuter, soit désigner un délégué spécial, sans limiter votre choix aux membres du conseil municipal ou aux personnes éligibles aux fonctions de maire. Vous devez toujours nommer un délégué, lorsqu'il s'agit d'un acte que vous n'avez pas qualité pour accomplir, tel que la réception des actes de l'état civil.

Art. 86.

Suspension et révocation des maires et adjoints.
Suspension.

La législation ancienne vous accordait, Monsieur le Préfet, le droit de suspendre les maires et adjoints par un arrêté qui cessait d'avoir son effet s'il n'était confirmé dans le délai de deux mois par le Ministre de l'intérieur.

La loi du 5 avril vous maintient le droit de suspension, mais elle en limite la durée à un mois. Si les faits justifiaient une suspension de plus longue durée, je pourrais, sur votre proposition, augmenter cette durée de deux mois; mais, en aucun cas, la suspension ne pourrait s'étendre au delà de trois mois.

La suspension peut toujours être prononcée pour une période inférieure au maximum établi par la loi; elle ne rend pas inéligibles ceux qui en sont frappés.

Révocation.

La révocation, au contraire, emporte de plein droit l'inéligibilité pendant une année, à partir du décret de révocation qui est rendu par le Président de la République.

On s'était demandé, sous l'empire de la loi du 14 avril 1871, si les maires révoqués pouvaient être élus adjoints avant l'expiration de l'année pendant laquelle ils sont inéligibles aux fonctions de maire. Cette question est tranchée par le texte de la nouvelle loi. La révocation encourue, soit par un maire, soit par un adjoint, emporte l'inéligibilité, tant aux fonctions de maire qu'à celles d'adjoint. Cette inéligibilité dure une année ; mais elle cesse avant cette époque, s'il est procédé auparavant au renouvellement *général* des conseils municipaux.

Cette disposition ne saurait être étendue par analogie et ne s'applique pas à tous les cas de renouvellement intégral. Si donc, après la révocation du maire ou de l'adjoint, le conseil municipal tout entier donnait sa démission, le fonctionnaire révoqué resterait, malgré le renouvellement du conseil, inéligible pendant un an.

ART. 87.

Délégations des pouvoirs du maire au président
de la délégation spéciale.

Lorsqu'il a été établi dans une commune une délégation spéciale, en vertu de l'article 44 de la loi du 5 avril 1884, le président, et, à son défaut, le vice-président de la délégation, remplit les fonctions de maire.

Les pouvoirs des délégués durent jusqu'à l'installation du nouveau conseil, qui, aux termes de l'article 45, doit être nommé dans les deux mois à dater de la dissolution ou de la dernière démission. A partir de l'installation du nouveau conseil, le premier inscrit exerce

5.

les fonctions de maire, s'il n'est pas procédé immédiatement à l'élection d'un nouveau maire (art. 81).

ATTRIBUTIONS DU MAIRE.

ART. 88.

Nomination aux emplois communaux par le maire.

Aux termes de l'article 88, le maire nomme à tous
les emplois communaux pour lesquels les lois, décrets
et ordonnances actuellement en vigueur ne fixent pas
un droit spécial de nomination. Il suspend et révoque
les titulaires de ces emplois. Il peut faire assermenter
et commissionner les agents nommés par lui, mais à la
condition qu'ils soient agréés par le préfet ou le sous-
préfet.

La loi du 18 juillet 1837 (art. 12) donnait déjà au
maire, sauf la faculté de faire assermenter et commissionner certains agents, les pouvoirs qui lui sont con-
férés par la nouvelle loi municipale. Les restrictions
qu'elle y apportait, et que la loi du 5 avril 1884 maintient, s'expliquent et se justifient non seulement par
la nature des fonctions ou emplois dont les titulaires,
tels que les instituteurs, les receveurs municipaux, les
préposés en chef de l'octroi, les commissaires de police, doivent être chargés par l'autorité supérieure,
mais encore par la responsabilité qu'entraînent ces

fonctions ou emplois et les intérêts généraux qui s'y rattachent.

La faculté donnée au maire par l'article 88 lui permettra de charger certains agents de constater par des procès-verbaux les contraventions aux lois et règlements de police.

Art. 89.

Adjudications publiques auxquelles le maire procède pour le compte de la commune.

L'article 89 reproduit, avec une légère différence de rédaction, les dispositions de l'article 16 de la loi du 18 juillet 1837, concernant les adjudications publiques auxquelles le maire procède pour le compte de la commune.

Il laisse subsister les prescriptions du décret du 17 mai 1809 relatives à la mise en ferme des octrois.

Vous remarquerez, en outre, qu'il n'abroge ni l'ordonnance du 14 novembre 1837, concernant les marchés de travaux ou fournitures, ni les règles édictées au sujet de ces marchés par des lois spéciales ou par application de leurs prescriptions.

Art. 90 et 91.

Attributions que le maire exerce comme chef de l'association communale.

Le maire exerce ses attributions, tantôt comme chef de l'association communale, en vertu des pouvoirs qu'il tient directement de la loi, tantôt comme délégué de l'administration supérieure.

Dans le premier cas, il agit, soit sous le contrôle du conseil municipal et la surveillance de l'administration supérieure, soit seulement sous cette surveillance. Dans le second cas, il agit sous l'autorité de l'administration supérieure.

Parfois, il agit comme organe de la loi, en dehors de ces deux cas. C'est ce qui a lieu, par exemple, lorsqu'il remplit les fonctions d'officier de l'état civil ou de police judiciaire.

La loi du 5 avril 1884 ne s'occupe que des attributions dont le maire est investi à titre de chef de l'association communale ou de délégué de l'administration supérieure.

Les articles 90 et 91 énumèrent les principales attributions que le maire exerce comme chef de l'association communale.

Le premier indique celles qui, ayant surtout pour objet les biens, les travaux, les finances de la commune, sont soumises à la fois au contrôle du conseil municipal et à la surveillance de l'administration supérieure.

L'article 91 mentionne les attributions qui, ayant trait à la police municipale, à la police rurale ou à l'exécution des actes de l'administration supérieure y relatifs, sont seulement soumises à la surveillance de cette administration. Les articles 90 et 91 reproduisent les dispositions de l'article 10 de la loi du 18 juillet 1837.

L'article 90 charge, en outre, le maire de concerter avec les propriétaires ou les détenteurs du droit de chasse dans les buissons, bois et forêts, pour prendre les mesures nécessaires à la destruction des animaux nuisibles désignés dans l'arrêté du préfet, pris en vertu de l'article 9 de la loi du 3 mai 1844; de faire, pendant le temps de neige, à défaut des détenteurs du droit de chasse, à ce dûment invités, détourner les loups et sangliers réunis sur le territoire ; de requérir, à l'effet de détruire ces animaux, les habitants avec armes et chiens.

Enfin, l'article 90 prescrit au maire d'assurer l'exécution des délibérations du conseil municipal.

Art. 92.

Attributions que le maire exerce comme délégué de l'administration supérieure.

L'article 92 résume les attributions du maire agissant comme délégué de l'administration supérieure. Il n'est que la reproduction littérale de l'article 9 de la loi du 18 juillet 1837. Il dispose, comme le faisait cet article, que le maire est chargé, sous l'autorité de l'administration supérieure :

1° De la publication et de l'exécution des lois et règlements ;

2° De l'exécution des mesures de sûreté générale ;

3° Des fonctions spéciales qui lui sont attribuées par les lois.

Art. 93.

Mesures à prendre d'urgence par le maire, ou, à défaut, par l'autorité supérieure pour l'ensévelissement et l'inhumation des personnes décédées.

L'article 93 décide que le maire, ou, à son défaut, le sous-préfet, pourvoit d'urgence à ce que toute personne

décédée soit ensevelie et inhumée décemment, sans distinction de culte ou de croyance.

Cette disposition est nouvelle. Cependant, en ce qui
touche le maire, elle ne fait que consacrer le pouvoir de
police qu'il tenait implicitement des lois et règlements
antérieurs. Le législateur de 1844 veut, de plus que,
dans le cas où, au sujet de l'ensevelissement et de l'inhumation d'une personne décédée, des difficultés s'élè-
vent, des retards trop considérables se produisent, notamment parce qu'elle est inconnue ou délaissée, le
préfet, dans l'arrondissement chef-lieu, et le sous-préfet,
dans les autres arrondissements, prennent les mesures
qu'exige soit le bon ordre, soit la décence publique, si
le maire refuse ou néglige de les prescrire. Il n'a pas,
d'ailleurs, entendu conférer, soit au maire, soit au préfet
ou au sous-préfet, la faculté de porter atteinte au droit
des familles de recourir aux cérémonies religieuses pour
les obsèques des parents qu'elles ont perdus.

ART. 94.

*Division en deux catégories des arrêtés que prend
le maire en matière de police.*

Aux termes de l'article 94, le maire prend des arrêtés
à l'effet :

1° D'ordonner les mesures locales sur les objets confiés par les lois à sa vigilance et à son autorité ;

2° De publier de nouveau les lois et les règlements de
police et de rappeler les citoyens à leur observation.

Cet article et la reproduction des paragraphes 1 et 2 de l'article 11 de la loi du 18 juillet 1837. Les mesures locales mentionnées dans le premier paragraphe sont surtout celles qui appartiennent à la police municipale ou à la police rurale. Les lois et règlements visés dans le second paragraphe concernent soit l'une ou l'autre de ces polices, soit la police générale.

ART. 95.

Transmission immédiate au sous-préfet ou au préfet des arrêtés pris par le maire en matière de police. — Distinction au point de vue de l'exécution entre les arrêtés portant règlement permanent et ceux qui n'ont pas ce caractère. — Pouvoirs du préfet : annulation ou suspension, exécution immédiatement.

L'article 95 de la nouvelle loi municipale veut que les arrêtés pris par le maire soient immédiatement adressés au sous-préfet ou, dans l'arrondissement chef-lieu, au préfet. Le préfet peut les annuler ou en suspendre l'exécution. Ceux de ces arrêtés qui portent règlement permanent ne sont exécutoires qu'un mois après la remise de l'ampliation constatée par les récépissés délivrés par le sous-préfet ou le préfet. Néanmoins, en cas d'urgence, le préfet peut en autoriser l'exécution immédiate. L'article 95 a été, comme l'article 94, emprunté à l'article 11 de la loi du 18 juillet 1837, dont il reproduit, sauf de légères différences de rédaction, les deux derniers alinéas. Il comprend de plus la disposition conférant au préfet le pouvoir d'autoriser, en cas d'urgence, l'exécution immédiate des arrêtés du maire qui présentent le caractère de règlement permanent.

Cette innovation est d'une utilité incontestable. Elle fait disparaître les graves inconvénients qu'entraînait la jurisprudence de la Cour de cassation, qui refusait, sous l'empire de la loi du 18 juillet 1837, de reconnaître au préfet le droit d'abréger, même dans les cas les plus urgents, le délai pendant lequel il lui appartenait d'annuler ou de suspendre les arrêtés avant leur mise à exécution.

Art. 96.

Publication ou notifications des arrêtés pris par le maire en matière de police. Inscription de ces arrêtés sur un registre.

L'article 96 édicte des règles nouvelles consacrant la jurisprudence, soit des tribunaux, soit de l'administration centrale, en ce qui touche la publication ou la notification des arrêtés du maire.

Elles exigent, indépendamment des formalités prescrites par l'article 95, que les arrêtés du maire, pour devenir obligatoires, soient portés à la connaissance des intéressés, par voie de publication et d'affiches, toutes les fois qu'il contiennent des dispositions générales, et, dans les autres cas, par voie de notification individuelle. Elles établissent, en même temps, un mode simple et pratique de constatation de la publication et de la notification. Enfin, pour mieux assurer la conservation des arrêtés, des actes de publication et de notification, elles en prescrivent l'inscription, à leur date, sur le registre de la mairie.

Il importe, Monsieur le Préfet, que ces diverses mesures soient régulièrement exécutées. Vous voudrez bien y tenir la main.

ART. 97.

Triple but immédiat de la police municipale. — Mesures les plus importantes qu'elle comprend.

L'article 97 indique le triple but immédiat de la police municipale. Il consiste à assurer le bon ordre, la sûreté et la salubrité publique.

L'article 97 énumère en même temps les mesures les plus importantes que comprend la police municipale. Cette énumération presque tout entière est empruntée, sauf quelques différences de rédaction, à la loi des 16-24 août 1790 (titre XI, art. 3). Les mesures qu'elle mentionne, en dehors de celles prévues dans cette dernière loi, ont pour objet le mode de transport des personnes décédées, les inhumations et les exhumations, le maintien du bon ordre et de la décence dans les cimetières, sans qu'il soit permis d'établir des distinctions ou des prescriptions particulières à raison des croyances et du culte du défunt ou des circonstances qui ont accompagné sa mort.

Il est à remarquer, relativement à ces dernières mesures, que l'article 97, contrairement au décret du 18 mai 1806, reconnaît implicitement au maire le droit de régler le mode de transport des personnes décédées.

Il reproduit, en outre, les prescriptions du décret du 23 prairial an XII sur la police des lieux de sépulture telles qu'elle ont été modifiées par la loi du 14 novembre 1881 portant abrogation de l'article 15 de ce décret.

Art. 98.

Pouvoirs de police exercés par le maire, dans l'intérieur des agglomérations, sur les routes, soit nationales, soit départementales, et sur les autres voies de communication. — Permis de stationnement ou de dépôt temporaire. — Alignements individuels. — Simples permissions de voiries.

Le maire tient des attributions de police municipale que lui confère l'article 91 de la loi du 5 avril 1884, comme le faisait déjà l'article 10 de la loi du 18 juillet 1837, le droit de prendre les mesures nécessaires pour assurer, dans les agglomérations d'habitations, la commodité, la liberté et la sécurité du passage sur toutes les voies publiques de la grande ou de la petite voirie. L'article 98 de la nouvelle loi reconnaît au maire ce droit d'une manière formelle. En ajoutant qu'il l'exerce seulement en ce qui touche la circulation, le législateur a voulu faire une réserve au sujet des pouvoirs qui appartiennent, sur d'autres objets, à l'autorité supérieure en matière de grande voirie, de grande ou de moyenne vicinalité, par exemple, en ce qui concerne les autorisations de bâtir le long de la voie publique, les alignements individuels, les simples permissions de voirie. Il n'a pas entendu restreindre, en dehors de cette réserve, les attributions de police municipale du maire à l'égard des mesures ayant pour objet le bon ordre, la sécurité ou la salubrité publique.

D'après le second paragraphe de l'article 98, le maire peut, moyennant le payement de redevances fixées par un tarif dûment établi, sous les réserves imposées par l'article 7 de la loi du 11 frimaire an VII, donner des permis de stationnement ou de dépôt temporaire sur la voie publique, sur les rivières, ports et quais fluviaux et autres lieux publics.

Cette disposition met un terme aux difficultés qui s'étaient élevées relativement au point de savoir s'il appartenait au maire d'autoriser sur les trottoirs ou les accotements des rues ou places l'établissement d'étalages mobiles l'installation temporaire de marchands, la pose de tables, de bancs ou de chaises par les restaurateurs, cafetiers ou débitants de boissons. La cour de cassation et le Conseil d'État s'étaient prononcés dans le sens de l'affirmative. Cependant le droit du maire ne cessait pas d'être contesté. Il ne saurait l'être aujourd'hui lorsqu'il sera exercé conformément aux prescriptions légales que je viens de rappeler.

L'article 98 de la nouvelle loi municipale n'abroge pas d'ailleurs les dispositions de l'article 471 du Code pénal concernant les dépôts sur la voie publique dans les cas de nécessité ou de force majeure. De pareils dépôts ont lieu, en principe, sans autorisation.

Dans les autres cas, le maire ne peut accorder de permis de stationnement ou de dépôt temporaire qu'autant que les intérêts de la circulation, s'il s'agit d'une voie publique ou de la navigation, s'il s'agit d'une rivière, d'un port ou d'un quai, ne doivent pas en souffrir sérieusement et que les redevances à exiger sont fixées par un tarif voté par le conseil municipal et homolgué par l'autorité supérieure.

J'examinerai, sous l'article 133, non seulement quelle est cette autorité, mais encore sur quelles voies publiques le maire exerce le pouvoir que lui confère l'article 98, et quel est le sens légal des mots stationnement, dépôt temporaire, ports et quais fluviaux.

Les alignements individuels, les autorisations de bâtir et les simples permissions de voirie sont délivrés soit par le préfet, soit par le sous-préfet, en ce qui concerne les routes nationales, les routes départementales, les chemins vicinaux de grande ou de moyenne communication et les rues formant la traverse de l'une ou l'autre de ces voies de communication. L'article 98, § 3, exige qu'avant de statuer sur les demandes tendant à obtenir les alignements, autorisations ou permissions que je viens de mentionner, le préfet ou le sous-préfet prenne l'avis du maire.

Cette disposition, Monsieur le Préfet, est une innovation d'une utilité qui ne saurait être contestée. Elle permettra au maire de revendiquer, en temps opportun, le droit de statuer lui-même sur les demandes de sa compétence lorsque les pétitionnaires considèreront comme appartenant à la grande voirie, à la grande ou à la moyenne vicinalité, des voies publiques ou sections de voies publiques appartenant exclusivement à la voirie urbaine ou à la petite vicinalité. Elle donnera, en outre, au maire, le moyen de fournir, au moment utile, des renseignements qui éclaireront l'administration supérieure sur les inconvénients que pourraient entraîner certaines permissions au point de vue soit des services municipaux (éclairage, distribution d'eau, etc.), soit de la commodité, de la liberté ou de la sécurité de la circulation.

L'avis défavorable du maire ne sera pas un obstacle légal à ce qu'une décision contraire intervienne immédiatement. Toutefois, dans les cas où il n'y aura pas urgence et où la difficulté soulevée par le maire présentera de la gravité, il conviendra de me la soumettre avant la décision. Je vous ferai connaître mon appréciation le plus tôt possible, après avoir provoqué les observations de M. le Ministre des travaux publics, quand la question intéressera la grande voirie.

La délivrance des autorisations de bâtir, des alignements individuels et des simples permissions de voirie, à titre précaire ou essentiellement révocable, rentre dans les attributions du maire en matière de petite voirie, sauf les exceptions relatives aux chemins vicinaux de grande ou de moyenne communication et aux rues en formant les traverses. Il a toujours été admis que, dans le cas où le maire, saisi régulièrement d'une demande d'alignement individuel ou d'autorisation de bâtir, refusait de l'accueillir, le préfet pouvait délivrer l'alignement ou l'autorisation. En effet, tout propriétaire a le droit d'élever sur son fonds des constructions en bordure de la voie publique. Il est tenu de solliciter préalablement l'alignement individuel et l'autorisation de bâtir ; mais l'administration est obligée de les lui accorder, lorsque sa demande réunit les conditions prévues par les lois ou règlements. Dans ce cas, le refus du maire, avant la promulgation de la nouvelle loi municipale, tombait sous l'application de l'article 15 de la loi du 18 juillet 1837. Il est prévu aujourd'hui par l'article 85 de la loi du 5 avril 1884, aux termes duquel, quand le maire néglige ou refuse de faire un des actes qui lui sont prescrits par la loi, le préfet peut, après l'en avoir requis, y procéder d'office par lui-même ou par un délégué spécial.

Le préfet ne pouvait régulièrement se substituer ainsi au maire sous la législation précédente en ce qui touche les simples permissions de voirie, ces permissions, contrairement aux alignements individuels et aux autorisations de bâtir, étant purement facultatives de la part de l'autorité compétente. Le Conseil d'État, statuant au contentieux, s'était prononcé dans ce sens, par un arrêt du 10 décembre 1880. Cependant, il est arrivé, dans certains cas, que le refus du maire concernant les simples permissions de voirie ne se justifiait ni par les nécessités de la viabilité ni par aucune autre considération d'intérêt général. Le dernier paragraphe de l'article 98 a prévu cette situation et il vous donne le moyen d'y pourvoir. Désormais, lorsque vous aurez constaté que l'intérêt général de l'État, du département ou de la commune ne justifie pas le refus du maire de délivrer une permission de voirie, à titre précaire ou essentiellement révocable, ayant pour objet, notamment, l'établissement dans le sol de la petite voirie, d'une canalisation destinée au passage ou à la conduite soit de l'eau, soit du gaz, il vous appartiendra d'accorder cette permission.

Art. 99.

Mesures de police qu'il appartient au préfet de prendre pour toutes les communes du département, ou pour l'une ou plusieurs d'entre elles.

Aux termes de l'article 99 de la loi du 5 avril 1884, les pouvoirs de police municipale qui appartiennent au maire en vertu de l'article 91 ne font pas obstacle au droit du préfet de prendre, pour toutes les communes du département ou plusieurs d'entre elles, et dans tous les cas où il n'y aurait pas été pourvu par les autorités municipales, toutes mesures relatives au maintien de la salubrité, de la sûreté et de la tranquillité publiques.

Ces dispositions, qui découlent du principe fondamental posé par les lois des 22 décembre 1789 et 18 janvier 1790 et de diverses lois spéciales, ont pour objet de préciser les attributions des préfets, en tant qu'il s'agit de mesures dont l'initiative continue d'appartenir au maire, mais qui, intéressant la tranquillité, la sûreté ou la salubrité publiques, doivent être prises par le préfet si l'initiative du maire n'y a pas pourvu. Ainsi la négligence, l'inertie ou le mauvais vouloir des autorités municipales ne sauraient paralyser ou arrêter l'exercice des pouvoirs de police générale du préfet dans la sphère légitime d'action qui lui est assignée.

La police générale, la police municipale et la police rurale ont des buts immédiats de même nature : le bon ordre ou la tranquillité, la sûreté et la salubrité publiques. Elles s'appliquent en outre, le plus souvent, aux mêmes matières ou objets. Elles ne diffèrent essentiellement que sous le rapport du nombre plus ou moins considérable des personnes dont elles tendent, en assurant l'ordre, la tranquillité, la sécurité, la salubrité, à défendre ou protéger la vie, les droits ou les intérêts. En effet, l'existence, les droits ou les intérêts que la police générale a pour mission de défendre ou de protéger par les mesures qu'elle comprend, sont ceux de la société tout entière, de l'État, d'un département ou d'une partie d'un département comprenant plusieurs communes. La police municipale et la police rurale au contraire ont seulement pour mission de défendre ou de protéger les existences, les droits ou les intérêts renfermés dans la circonscription territoriale de la commune. Il rentre, par conséquent, dans les attributions de la police générale de prendre, sur les objets que le législateur n'a pas formellement ou implicitement soustraits à son action, les mesures qui ont l'un ou plusieurs des buts immédiats qu'elle doit poursuivre, lorsqu'elles intéressent les habitants soit de toute la France, soit de l'ensemble d'un département ou d'une de ses parties dépassant les limites d'une commune. Il n'a jamais été dans la pensée du législateur d'interdire de pareilles mesures quand elles devraient porter sur les objets ou matières appartenant au domaine de la police municipale ou de la police rurale. Il n'interdit l'exercice des pouvoirs de police générale sur ces objets que dans le cas où les mesures qui seraient prises n'intéresseraient que les habitants de chacune des communes auxquelles elles s'appliqueraient. C'est ainsi que la Cour de cassation a refusé de reconnaître comme rentrant dans les attributions de police générale du préfet, les arrêtés par lesquels il réglementerait dans toutes les communes du département le balayage et le nettoyement des voies publiques pour en assurer la propreté, ou par lesquels il imposerait aux chevriers l'obligation de munir de clochettes et de muselières les chèvres conduites aux pâturages. (Cour de cassation, chambre crimin., arrêts des 28 juin 1861, 6 juillet 1866.) Mais elle a déclaré obligatoires comme ayant le caractère d'utilité générale les arrêtés préfectoraux réglementant, dans toutes les communes du département, les couvertures en chaume, les bals publics, les heures d'ouverture et de fermeture des débits de boissons, la divagation des chiens, les dépôts de fumiers ou d'immondices à proximité des habitations. (Cour de cassation, chambre crimin., arrêts des 12 septembre 1845, 19 et 26 janvier 1856, 15 novembre 1856, 17 mai 1861, 4 janvier 1862, 6 juillet 1867, 17 janvier 1868.) Les mesures concernant le balayage ou la conduite des chèvres au pâturage n'intéressent, dans chaque commune, que ses habitants. Au contraire, les mesures relatives aux couvertures en chaume, aux bals publics, aux heures d'ouverture et de fermeture des débits de boissons, à la divagation des chiens, aux dépôts de fumiers et d'immondices dans le voisinage des maisons n'intéressent pas seulement les habitants de la commune où elles sont exécutées : elles intéressent également ou peuvent intéresser les habitants des communes voisines et même de tout le département.

Il peut se faire qu'une mesure intéressant les habitants d'un canton, d'un arrondissement, d'un ou plusieurs départements, soit seulement applicable dans une commune. Telle serait la mesure qui prescrirait à un ou plusieurs propriétaires de mares ou d'étables situées dans une commune, soit d'exécuter les travaux ou ouvrages nécessaires, soit de prendre les précautions indispensables pour faire disparaître l'état d'insalubrité de ces mares ou étables, présentant, en ce qui concerne les habitants non seulement de la localité, mais encore des localités voisines, les plus graves dangers au point de vue de la salubrité publique. Une pareille mesure a le caractère d'utilité générale dépassant les limites d'une circonscription communale. Toutefois, comme elle ne doit avoir d'application que dans ces limites, on aurait pu hésiter à reconnaître au préfet le pouvoir de la prendre. Il ne saurait lui être contesté sous l'empire de la nouvelle loi municipale, en présence du dernier paragraphe de l'article 99. Ce paragraphe, d'ailleurs, édicte une garantie en faveur de l'autorité municipale. Il veut, en effet, que le préfet n'exerce son pouvoir en pareil cas qu'après une mise en demeure adressée au maire et restée sans résultat. Vous ne perdrez pas de vue, Monsieur le Préfet, cette condition. Le législateur l'a édictée par un vif désir de restreindre le moins possible les attributions de l'autorité municipale.

ART. 100.

Sonneries des cloches

L'article 100 est ainsi conçu :

« Les cloches des églises sont spécialement affectées aux cérémonies du culte.

« Néanmoins, elles peuvent être employées dans les cas de péril commun qui exigent un prompt secours et dans les circonstances où cet emploi est prescrit par des dispositions de lois ou règlements, ou autorisé par les usages locaux.

« Les sonneries religieuses, comme les sonneries civiles, feront l'objet d'un règlement concerté entre l'évêque et le préfet, ou entre le préfet et le consistoire, et arrêté, en cas de désaccord, par le Ministre des cultes. »

Ces dispositions constituent une innovation, au moins en ce qu'elles établissent une législation précise sur la matière. On en trouve cependant le germe dans les lois antérieures et dans des avis de principe du Conseil d'État qui reconnaissaient le droit à l'autorité civile d'user des cloches dans certains cas.

La loi du 5 avril 1884 accentue ce droit; elle dispose que les cloches pourront être employées dans les cas de péril commun qui exigent un prompt secours, et dans les circonstances où cet emploi est prescrit par des lois ou règlements, ou autorisé par les usages locaux.

Puis, pour prévenir toutes difficultés ultérieures, le législateur décide que les sonneries religieuses et les sonneries civiles feront l'objet d'un règlement concerté entre l'évêque et le préfet, ou entre le préfet et les consistoires, ou arrêté, en cas de désaccord, par le Ministre des cultes.

En ce qui concerne les règlements relatifs aux sonneries religieuses, ils étaient prévus par l'article 48 de la loi du 18 germinal an X. Il suffira donc de rechercher ces règlements et d'en poursuivre, si vous le jugez nécessaire, la refonte, d'accord avec l'autorité diocésaine, sauf recours à la décision du Ministre des cultes en cas de conflit. Une fois retrouvés ou refondus, vous aurez à en adresser à mon collègue un exemplaire type qui devra rester aux archives de l'administration des cultes. Vous voudrez bien également m'en transmettre une copie.

Il n'en est pas de même des règlements relatifs aux sonneries civiles. Ces derniers sont entièrement à créer.

Vous aurez dès lors à déterminer, aussi exactement que possible, les cas où les cloches pourront être employées civilement, en tenant compte des usages locaux et des lois et règlements. Vous communiquerez votre projet de règlement à l'autorité diocésaine. Si des difficultés s'élevaient, elles devraient être soumises à M. le Ministre des cultes, qui trancherait ces difficultés, en arrêtant définitivement le règlement projeté.

Lorsque vous saisirez ainsi M. le Ministre des cultes

des difficultés prévues au dernier paragraphe de l'article 100, vous m'adresserez en même temps une copie de votre rapport et de vos propositions, afin de me mettre à même de communiquer, s'il y a lieu, mes observations à mon collègue sur les questions d'ordre public ou de police qui lui seront soumises.

Art. 101.

Clefs du clocher et de l'église.

L'article 101 dispose :

« Une clef du clocher sera déposée entre les mains du titulaire ecclésiastique, une autre entre les mains du maire, qui ne pourra en faire usage que dans les circonstances prévues par les lois ou règlements.

« Si l'entrée du clocher n'est pas indépendante de celle de l'église, une clef de la porte de l'église sera déposée entre les mains du maire. »

Cet article n'est que la conséquence de l'article 100; il a pour but de permettre aux maires d'user, conformément aux lois et règlements, du droit qui leur est attribué d'employer les cloches aux sonneries civiles.

Art. 102.

Gardes champêtres.

La loi du 20 messidor an III (art. 1) imposait à toute commune l'obligation d'avoir un garde champêtre. Cette obligation étant excessive pour les communes pauvres, l'administration supérieure ne la leur appliquait pas rigoureusement.

L'article 102 de la loi du 5 avril 1884 la supprime. Il rend l'institution des gardes champêtres facultative pour toutes les communes, comme elle l'était avant la loi du 20 messidor an III sous l'empire de la loi des 28 septembre-6 octobre 1791 (titre VII). Dès lors, chaque commune est actuellement libre soit de n'avoir aucun garde champêtre, soit d'en avoir un ou plusieurs.

Mais, d'après l'esprit, sinon le texte de la nouvelle loi municipale, plusieurs communes ne peuvent s'associer pour entretenir un seul garde champêtre. La Chambre des députés avait admis cette faculté. Le Sénat n'a pas cru devoir la maintenir, par le motif que le service d'un garde unique pour deux communes ou un plus grand nombre serait fait le plus souvent d'une manière incomplète dans chacune d'elles, et que les maires pourraient ne pas se mettre d'accord sur les questions de nomination ou de suspension.

Les villes qui ont des commissaires et agents de police peuvent souvent se passer de gardes champêtres. Il en est de même des communes dont le territoire est peu étendu. Dans les autres localités, la présence d'un ou de plusieurs gardes champêtres sera presque toujours d'utilité incontestable. Lorsque vous l'aurez constaté, vous devrez engager les municipalités à conserver ou à instituer des gardes champêtres, autant que les besoins de la police rurale l'exigeraient et que les ressources communales le permettraient.

Le législateur de 1884 ne se contente pas de laisser une entière liberté aux communes en ce qui touche l'institution des gardes champêtres. Il rend au maire la nomination de ces agents, que la loi du 18 juillet 1837 (art. 13) lui conférait déjà, mais qui lui avait été enlevée par le décret législatif du 25 mars 1852. L'article 102 de la nouvelle loi municipale ne subordonne pas cette nomination à l'approbation du préfet comme faisait la loi de 1837 ; il exige seulement que les gardes champêtres soient agréés et commissionnés par le sous-préfet, ou par le préfet dans l'arrondissement chef-lieu. Lorsque le préfet ou le sous-préfet n'a pas fait connaître son agrément dans le mois qui suit le jour où il lui a été demandé, il est censé le donner.

Les gardes champêtres étant officiers de police judiciaire, doivent être assermentés. Ils peuvent être suspendus par le maire pendant un mois. Le préfet a seul le droit de les révo ꞁ ꞁ

Le dernier paragraphe de l'article 102 de la loi du 5 avril 1884 ajoute qu'en dehors de leurs fonctions relatives à la police rurale les gardes champêtres sont chargés non seulement de rechercher, chacun dans le territoire pour lequel il est assermenté, les contraventions aux règlements et arrêtés de police municipale, mais encore de dresser des procès-verbaux pour les constater.

Cette disposition est empruntée à la loi du 24 juillet 1867 (art. 20).

Art. 103.

Personnel chargé du service de la police.

L'article 103 de la loi du 5 avril 1884 a pour objet l'organisation du personnel chargé de la police. Il reproduit les dispositions de la loi du 24 juillet 1867 (art. 23) et de la loi du 20 janvier 1874 (art. 3), sauf quelques modifications. La plus importante consiste en ce que, dans toutes les communes, le maire nomme et suspend les inspecteurs de police, les brigadiers, les sous-brigadiers et les agents de police, tandis qu'il ne les nommait ni ne les suspendait précédemment dans les villes ayant plus de 40,000 habitants.

Les inspecteurs, brigadiers, sous-brigadiers et agents de police ne peuvent, comme sous la législation antérieure, être révoqués que par le préfet. La nouvelle loi maintient au préfet le droit de les agréer dans l'arrondissement chef-lieu. Elle donne le même droit au sous-préfet dans les autres arrondissements.

Art. 104 et 105.

Dispositions spéciales à la ville de Lyon et aux
communes de l'agglomération lyonnaise.

La ville de Lyon et les communes qui forment avec elle l'agglomération lyonnaise avaient été soumises par la législation ancienne à un régime exceptionnel qui plaçait entre les mains du préfet la plus grande partie des pouvoirs municipaux. Bien que des lois plus récentes, et notamment la loi du 21 avril 1881, aient modifié, dans une large mesure, pour Lyon surtout, l'ancienne organisation, les municipalités restaient dépouillées d'un certain nombre d'attributions de police municipale, sans

que ce sacrifice parût suffisamment justifié par les nécessités de l'ordre public.

Le législateur de 1884 s'est donc attaché à faire ren-
trer, autant que possible, les communes de l'agglomération lyonnaise sous le régime commun, et les seules
exceptions qui subsistent sont celles qui découlent, soit
de la constitution spéciale de la municipalité de Lyon,
soit des pouvoirs de police que le préfet du Rhône continue à exercer dans l'agglomération.

Organisation municipale de Lyon.

La ville de Lyon continue à être divisée en six arrondissements municipaux (art. 73). Son conseil municipal
se compose de 54 membres (art. 10). Le nombre de ses
adjoints est de 17 (art. 73).

Indépendamment des délégations qu'ils peuvent recevoir du maire, conformément à l'article 82, ceux des
adjoints qui sont délégués, au nombre de deux, dans
chaque arrondissement, ont des attributions spéciales
qui comprennent la tenue des registres de l'état civil et
les affaires diverses énumérées dans l'article 2 du règlement d'administration publique du 11 juin 1881 (art. 73).

Sous ces réserves, Lyon se trouve, au point de vue
de l'organisation municipale, soumise aux mêmes règles
que toutes les autres communes.

Police municipale dans les communes
de l'agglomération lyonnaise.

Au point de vue de la police, il n'y a plus aujour-
d'hui aucune distinction à faire entre Lyon et les autres
communes de l'agglomération lyonnaise.

L'article 104 modifie la composition de cette agglomération ; il retranche des communes qui en faisaient partie, celles de Rillieux et de Miribel, et y ajoute celle de Sathonay (Ain), et de Pierre-Bénite, section distraite en 1869 de la commune d'Oullins (Rhône).

L'agglomération comprend donc aujourd'hui les communes de Lyon, Calluire-et-Cuire, Oullins, Sainte-Foy, Saint-Rambert, Villeurbanne, Vaulx-en-Velin, Bron, Vénissieux et Pierre-Bénite, du département du Rhône, et celle de Sathonay, du département de l'Ain.

Dans toutes ces communes, le préfet du Rhône exerce, en principe, les mêmes attributions qui appartiennent au préfet de police dans les communes suburbaines du département de la Seine, conformément aux arrêtés des consuls des 12 messidor an VIII, 3 brumaire an IX, à la loi du 10 juin 1853 et au décret du 16 octobre 1859.

Mais l'article 105 de la loi du 5 avril 1884 apporte à ce principe une large dérogation en remettant aux maires les pouvoirs de police municipale tels qu'ils sont définis par l'article 97 sous les réserves suivantes :

1° Le préfet du Rhône reste chargé du soin de réprimer les atteintes à la tranquillité publique (§ 2 de l'article 97) ;

2° Il garde également la mission d'assurer le maintien du bon ordre dans les endroits où il se fait de grands rassemblements (combinaison des paragraphes 3 de l'article 97 et 2 de l'article 105).

En d'autres termes, suivant l'expression du rapporteur de la loi à la Chambre des députés (séance du 29 octobre 1883), les maires de l'agglomération lyonnaise sont, en ce qui concerne la police municipale proprement dite, investis des mêmes pouvoirs que les maires des autres communes de France.

Art. 106, 107, 108 et 109.

Responsabilité civile des communes.

La loi du 10 vendémiaire an IV, dont les dispositions, bien que tombées pour partie en désuétude, n'avaient pas été abrogées jusqu'à la loi du 5 avril 1884, avait établi le principe de la responsabilité étendue à la collectivité des habitants d'une commune, lorsqu'il s'agissait de crimes ou délits commis sur son territoire par des attroupements armés ou non armés, soit envers les personnes, soit contre les propriétés publiques ou privées.

La seule constatation des crimes ou délits commis dans ces circonstances rendait la commune responsable des dégâts et dommages.

La loi du 5 avril a maintenu le principe, mais elle a, dans les articles 106, 107, 108 et 109 consacrés à la matière, singulièrement atténué la rigueur de l'ancienne législation.

L'article 106 déclare les communes responsables des dégâts et dommages résultant des crimes ou délits commis à force ouverte ou par violence sur leur territoire par des attroupements ou rassemblements armés ou non armés, soit envers les personnes, soit contre les propriétés publiques ou privées.

Le maire de toute commune est chargé, par ses attributions de police, du soin de prévenir les attroupements ou rassemblements qui peuvent se former sur le territoire de la commune, et, lorsqu'ils ont lieu, de mettre la force publique en mouvement pour les dissiper ; s'il ne remplit pas ce devoir, il est naturel que la responsabilité de la commune soit engagée par la faute ou la négligence de son mandataire élu.

Le paragraphe 2 de l'article 106 règle la procédure à suivre pour le payement des dommages-intérêts dont la commune est responsable. Ces dommages-intérêts doivent être répartis entre tous les habitants domiciliés dans là commune. La répartition est faite en vertu d'un rôle spécial comprenant les quatre contributions directes.

L'article 107 prévoit le cas où les attroupements ou rassemblements ont été formés d'habitants de plusieurs communes. Chacune d'elles alors est responsable des dégâts et dommages causés, dans la proportion qui sera fixée par les tribunaux.

L'article 108 indique les circonstances dans lesquelles les communes sont affranchies de la responsabilité civile.

D'après le premier paragraphe de cet article, une commune échappe à l'application des articles 106 et 107 lorsqu'elle peut prouver que toutes les mesures qui étaient en son pouvoir ont été prises à l'effet de prévenir les attroupements ou rassemblements et d'en faire connaître les auteurs.

La commune, dans cette hypothèse, est présumée en faute, mais il lui appartient de justifier sa conduite devant les tribunaux, en apportant la preuve qu'elle a pris toutes les mesures nécessaires et rempli les devoirs qui lui incombaient.

Le paragraphe 2 de l'article 108 décide, en outre, que le principe de la responsabilité ne s'appliquera pas aux communes où la municipalité n'a pas la disposition de la police locale ou de la force armée, c'est-à-dire aux communes qui, comme Paris et Lyon, ont un service de police indépendant de la municipalité, ou encore aux communes où l'état de siège a été proclamé.

Le paragraphe 3 veut également que les articles 106 et 107 ne soient pas appliqués lorsque les dommages causés sont le résultat d'un fait de guerre.

Enfin, l'article 109 ajoute que la commune déclarée responsable peut exercer son recours contre les auteurs et complices du désordre.

TITRE IV

De l'Administration des communes.

CHAPITRE PREMIER

DES BIENS ET ÉTABLISSEMENTS COMMUNAUX.

ART. 110.

*Vente de biens autorisée d'office sur la demande d'un
créancier porteur de titres exécutoires.*

Les créanciers des communes n'ont pas le droit de
recourir contre elles aux voies ordinaires d'exécution.
Il leur est interdit de pratiquer des saisies sur les biens
communaux, soit mobiliers, soit immobiliers. (Conseil
d'État, avis du 12 août 1807.)

Cette interdiction est justifiée par les graves inconvénients qu'il y aurait à permettre à de simples particuliers de venir troubler l'ordre du budget communal

approuvé par l'autorité compétente, et arrêter la marche des services municipaux en privant les communes de ressources sans lesquelles ils ne sauraient fonctionner. Toutefois, le législateur ne veut pas que les municipalités abusent de ce privilège. Il arme l'administration supérieure de moyens coercitifs lui donnant la faculté de contraindre les communes à se libérer de leurs dettes, lorsqu'elles disposent ou peuvent disposer de ressources suffisantes. Ces moyens consistent soit en des allocations portées aux budgets des communes débitrices ou en des impositions extraordinaires établies d'office, soit en des ventes autorisées également d'office sur la demande des créanciers porteurs de titres exécutoires. L'administration supérieure apprécie si, en raison des circonstances, elle peut employer de semblables mesures sans compromettre les intérêts généraux des communes, du département ou de l'État, et, dans le cas de l'affirmative, quelle est celle de ces mesures qu'il convient de préférer.

L'article 149 de la loi du 5 avril 1884 trace les règles à suivre lorsqu'il s'agit de recourir aux allocations ou aux impositions d'office. L'article 110 a pour objet les aliénations. Il est emprunté à l'article 46 de la loi du 18 juillet 1837. Il décide que la vente des biens mobiliers ou immobiliers des communes, autres que ceux qui servent à un usage public, peut être autorisée, sur la demande de tout créancier porteur d'un titre exécutoire, par un décret du Président de la République, qui détermine les formes de la vente.

Des doutes pouvaient s'élever, avant la nouvelle loi municipale, sur le point de savoir si le décret de décentralisation conférait au préfet le pouvoir d'autoriser une vente de cette nature. Ils ne sauraient se reproduire aujourd'hui.

Vous devrez, dès lors, vous borner à m'adresser des propositions dans le cas où vous seriez saisi d'une demande qui vous paraîtrait susceptible d'être accueillie.

ART. 111.

Libéralités faites à la commune, à une ou plusieurs sections, à un ou plusieurs quartiers ou hameaux.

En principe, les délibérations du conseil municipal portant acceptation de dons ou legs faits à la commune, à une ou plusieurs sections, sont exécutoires par elles-mêmes. Elles ne sont subordonnées à l'approbation de l'Administration supérieure que lorsqu'il y a soit charges ou conditions, soit réclamations des héritiers, ou lorsque les libéralités sont faites à un hameau ou quartier de la commune qui n'est pas encore à l'état de section ayant la personnalité civile. (Loi du 5 avril 1884, art. 61, 68 et 111.)

L'approbation est donnée par le préfet en conseil de préfecture lorsque les libéralités faites à la commune ou à une section avec charges ou conditions ne soulèvent aucune réclamation de la part des personnes qui prétendent avoir droit à la succession de l'auteur des libéralités.

Dans le cas contraire, elle doit émaner d'un décret rendu en Conseil d'État (art. 111). Il en est ainsi lorsqu'une réclamation est formée soit contre l'ensemble des libéralités intéressant la commune ou la section et divers établissements publics, soit seulement contre une ou plusieurs des libéralités. Vous aurez également à provoquer un décret quand une convention ou transaction intervient entre les héritiers, la commune ou la section et les établissements intéressés, avant qu'il ait été statué par l'autorité supérieure sur l'acceptation des libéralités. Cette transaction ou convention suppose, en effet, une réclamation des prétendants droit à la succession et rend nécessaire une décision présidentielle.

Un décret statuant sur l'ensemble des libéralités est encore nécessaire, même s'il n'y a pas réclamation d'héritiers, lorsqu'une ou plusieurs des libéralités concernent des établissements religieux et que vous n'êtes pas compétent pour en autoriser l'acceptation.

Un décret rendu dans la forme des règlements d'administration publique est indispensable dans tous les cas, d'après le dernier paragraphe de l'article 111 de la loi du 5 avril 1884, quand les libéralités sont faites à un hameau ou quartier n'ayant pas le caractère de personne civile. Ce décret doit être précédé non seulement d'un vote du conseil municipal de la commune, mais encore d'une délibération prise par une commission syndicale organisée conformément à l'article 129 de la nouvelle loi municipale.

Cette disposition constitue une innovation importante. En effet, l'acceptation de libéralités dans les circonstances qu'elle prévoit n'a pas seulement pour résultat, quand elle est définitive, d'assurer des avantages plus ou moins considérables à une portion de commune, et parfois à lui imposer des charges, mais encore de la constituer en personne civile pouvant ultérieurement, en remplissant les formalités légales ou réglementaires, recevoir de nouvelles libéralités, acquérir, transiger ou plaider. Il importait, par conséquent, de faire intervenir préalablement une représentation spéciale de la fraction de commune intéressée et d'exiger une sanction émanant de l'autorité administrative supérieure.

Art. 112.

Refus d'acceptation de dons ou legs.

L'article 112 de la loi du 5 avril 1884 édicte également de nouvelles règles.

Aux termes de l'article 48 de la loi du 18 juillet 1837, les délibérations du conseil municipal portant refus d'acceptation de dons et legs n'étaient exécutoires qu'en vertu d'une décision du chef de l'État. Cette disposition avait été dictée par la crainte que, dans certains cas, le conseil municipal, subissant l'influence des héritiers du donateur ou du testateur, ne sacrifiât à leur intérêt celui de la commune. Le législateur de 1884, voulant restreindre le moins possible la liberté d'action du conseil municipal, a pensé qu'il suffirait de l'inviter à revenir sur le refus qui ne paraîtrait pas justifié et à n'admettre le refus comme définitif que lorsqu'il aurait déclaré y persister par une seconde délibération.

En pareilles circonstances, Monsieur le Préfet, vous signalerez, d'une manière spéciale, à l'attention du conseil municipal, les inconvénients qui vous sembleraient devoir résulter, pour la commune, de la privation de biens dont son patrimoine pourrait être accru avantageusement.

Lorsque le don ou le legs est fait à une section de commune, si le conseil municipal est d'avis de le refuser, l'article 112 exige qu'il soit statué par un décret rendu dans la forme des règlements d'administration publique, à la suite de la délibération d'une commission syndicale élue par les habitants de la section, selon les dispositions de l'article 129. Le décret, dans ce cas, peut autoriser, malgré l'opposition du conseil municipal, l'acceptation de la libéralité.

La section se trouve ainsi protégée contre les sentiments de jalousie ou de convoitise qui pourraient amener le conseil municipal à exprimer un refus, afin de la priver d'avantages dont toute la commune ne profiterait pas directement.

Art. 113.

Acceptation de dons ou legs à titre conservatoire.

L'article 113 donne au maire le droit d'accepter, à titre conservatoire, les dons ou legs faits à la commune, et de former avant l'autorisation toute demande en délivrance.

Le décret du Président de la République, l'arrêté du préfet ou la délibération du conseil municipal qui interviennent ultérieurement ont effet du jour de l'acceptation.

Ces dispositions, empruntées avec quelques modifications à l'article 48 de la loi du 1er juillet 1837, s'expliquent d'elles-mêmes. Elles permettent au maire d'éviter à la commune la perte de libéralités ou d'intérêts qui pourraient résulter de retards apportés à l'autorisation de l'acceptation.

Art. 114.

*Constructions ou reconstructions intéressant
la commune. Plans et devis.*

Le conseil municipal a toujours été appelé, sauf certaines exceptions, à délibérer sur les plans et devis des constructions ou reconstructions intéressant la commune. Ces plans et devis, sous l'empire de la loi du 18 juillet 1837, devaient être soumis à l'approbation du Ministre de l'intérieur quand les prévisions de la dépense s'élevaient à 30,000 francs, et à celle du préfet lorsqu'elles étaient moindres. Le décret du 25 mars 1852 sur la décentralisation administrative décida que le préfet statuerait sur les plans et devis des travaux communaux, quel qu'en fût le montant (art. 1ᵉʳ, tableau A, nᵘ 49). La loi du 24 juillet 1867 (art. 1ᵉʳ, n° 3) restreignit à cet égard les pouvoirs du préfet et donna une certaine extension à ceux du conseil municipal. En effet, elle déclara que le conseil municipal réglerait par ses délibérations les projets, plans et devis de grosses réparations et d'entretien, lorsque la dépense totale afférente à ces projets, plans et devis et aux autres projets de même nature adoptés dans le même exercice ne dépasserait pas le cinquième des revenus ordinaires de la commune, ni, en aucun cas, une somme de 50,000 francs.

La loi du 5 avril 1884 est allée beaucoup plus loin dans la voie des libertés communales. Elle accroît considérablement les pouvoirs du conseil municipal en ma-

tière de projets, plans et devis des travaux communaux.
Elle veut que les délibérations qu'il prend sur les projets, plans et devis soient en principe exécutoires par
elles-mêmes (art. 61 et 114). Elle ne les subordonne à la
sanction de l'autorité supérieure, c'est-à-dire, ordinairement, du préfet, que dans les cas exceptionnels prévus
soit par l'article 68 (n° 3), soit par les lois spéciales.

Il est en outre à remarquer que si, en règle générale,
les projets, plans et devis des travaux intéressant la
commune ne doivent être mis à exécution que lorsqu'ils
sont approuvés par le conseil municipal, cette règle
souffre exception, comme le rappelle l'article 114, dans
certains cas prévus par les lois spéciales et notamment
lorsqu'il s'agit soit de travaux de la grande ou de la
moyenne vicinalité, soit d'ouvrages constituant des dépenses communales obligatoires.

<h2 style="text-align:center">Art. 115.</h2>

*Travaux et fournitures à exécuter par entreprise
dans l'intérêt des communes.*

Les travaux et fournitures à exécuter par entreprise
dans l'intérêt des communes sont l'objet soit d'une
adjudication, soit d'un traité de gré à gré.

L'adjudication avec publicité et concurrence présente
des avantages considérables. Elle permet aux communes
d'obtenir les prix les moins élevés et les meilleures garanties. Elle a, en outre, pour résultat d'écarter tout
soupçon de partialité ou de collusion contre les autorités

municipales. Ces considérations ont motivé les dispositions de l'ordonnance du 14 novembre 1837 qui la prescrivent comme règle générale et déterminent les cas
exceptionnels où, à raison de circonstances particulières,
il peut être traité de gré à gré.

L'article 115 de la loi du 5 avril 1884 maintient implicitement la règle générale en ce qui touche soit les
travaux, soit les fournitures, et les exceptions que je
viens de rappeler. Il leur donne même un caractère législatif. Il décide que les traités de gré à gré à passer
dans les conditions de l'ordonnance du 14 novembre 1837
et qui ont pour objet l'exécution par entreprise de travaux d'ouverture des nouvelles voies publiques et de
tous autres travaux communaux, sont approuvés par le
préfet, si les revenus ordinaires de la commune sont in-
férieurs à 3 millions, et par décret, s'ils atteignent ou
dépassent ce chiffre.

L'article 115 ajoute qu'il en est de même des traités
portant concession à titre exclusif ou pour une durée de
plus de trente années des grands services municipaux
ainsi que des tarifs et traités relatifs aux pompes funèbres.

L'article 16 de la loi du 24 juillet 1867 contenait des
prescriptions analogues en ce qui concerne les villes
ayant trois millions de revenus ou au delà; mais, en
dehors de l'ouverture des nouvelles rues, il ne restreignait la compétence du préfet relativement aux traités de gré à gré ayant pour objet les travaux communaux qu'à l'égard de ceux qui concernaient les travaux
déclarés d'utilité publique. De plus, il exigeait, dans
tous les cas, que le décret portant approbation des traités
de gré à gré fût rendu en Conseil d'État.

Le législateur a pensé que, dans les villes ayant 3 millions de revenus ordinaires ou au delà, les travaux non

déclarés d'utilité publique pouvaient avoir autant d'importance que ceux qui ont été l'objet d'une pareille déclaration, et que, par suite, il y avait lieu de les entourer de la même garantie. D'un autre côté, les divers travaux de ces villes présentant souvent un caractère d'urgence, il n'a pas cru devoir imposer au gouvernement l'obligation de prendre l'avis du Conseil d'État avant de statuer. Il ne lui a pas non plus semblé nécessaire de maintenir cette obligation pour les traités concernant les services municipaux ou les pompes funèbres.

J'ajouterai que ces derniers traités, quand ils interviennent dans les villes ayant 3 millions de revenus ou au delà, doivent, d'après le texte et surtout l'esprit de l'article 114 de la nouvelle loi municipale, être soumis à la sanction du Président de la République, sans qu'il y ait à distinguer s'ils sont conclus de gré à gré ou par voie d'adjudication.

Art. 116, 117 et 118.

Ouvrages ou institutions intéressant plusieurs
communes.

Il arrive souvent que plusieurs communes sont respectivement intéressées à l'exécution et à l'entretien d'ouvrages dont chacune doit profiter, tel qu'un pont destiné à relier leurs rues ou leurs chemins, une digue indispensable pour protéger leurs territoires, un canal nécessaire soit pour assainir ou irriguer les terres comprises dans leurs circonscriptions, soit pour fournir aux habitants l'eau dont ils ont besoin. Elles peuvent également avoir intérêt à réunir leurs ressources pour la fondation de certaines institutions, notamment d'établissements de bienfaisance ou d'écoles professionnelles.

Le législateur de 1837 s'était préoccupé de ces questions. Il avait édicté, en ce qui les concerne, les articles 72 et 73 de la loi du 18 juillet. Elles devaient également appeler l'attention du législateur de 1884. Deux systèmes se présentaient pour les résoudre : l'un consistant à substituer une commission intercommunale aux municipalités pour les délibérations ou les décisions à prendre relativement aux ouvrages ou aux institutions d'intérêt commun ; l'autre se bornant à autoriser les conseils municipaux à se concerter sur ces ouvrages ou institutions sous le contrôle de l'Administration supérieure, par l'intermédiaire de commissions spéciales qui, choisies par les conseils dans leur sein, se réuniraient en des conférences et prendraient des décisions à soumettre à la ratification de chacun des conseils intéressés. Le législateur de 1884 a donné sa préférence au second système. Il a craint qu'en pareille matière l'intervention d'une commission intercommunale ayant les mêmes pouvoirs que les municipalités ne portât une trop grave atteinte aux prérogatives des conseils municipaux et n'entraînât les communes dans des dépenses excessives. Il a pensé qu'un système analogue à celui adopté pour les départements par la loi du 10 août 1871 (art. 89, 90 et 91) assurerait aux communes d'une manière suffisante les moyens de réaliser les œuvres vraiment utiles auxquelles elles sont intéressées, mais que chacune d'elles abandonnée à ses propres forces ne pourrait entreprendre ni entretenir. Tel est l'esprit qui a dicté les articles 116, 117 et 118 de la loi du 5 avril 1884.

Aux termes de l'article 116, c'est aux présidents des

conseils municipaux, c'est-à-dire aux maires, qu'il appartient de provoquer en deux ou plusieurs conseils une entente sur les travaux, les ouvrages ou les institutions intéressant à la fois leurs communes respectives. Un maire ne doit prendre l'initiative d'une entente de cette nature qu'autant qu'il y est autorisé par le conseil municipal de sa commune, et qu'il vous en a averti.

D'après l'article 117, les questions d'intérêt commun sur lesquelles il s'agit d'établir une entente doivent être débattues dans des conférences où chaque conseil municipal est représenté par une commission spéciale qu'il a choisie à cet effet dans son sein et composée de trois membres nommés au scrutin secret.

Le préfet, dans l'arrondissement chef-lieu, le sous-préfet, dans les autres arrondissements, a le droit d'assister à ces conférences.

Les décisions qui y sont prises ne peuvent être mises à exécution qu'après avoir été ratifiées par tous les conseils municipaux. Elles sont en outre subordonnées à la même sanction que les délibérations des conseils municipaux, dans les cas où ces délibérations ne sont exécutoires qu'en vertu de l'approbation résultant d'une loi spéciale, d'un décret du Président de la République, d'un arrêté préfectoral ou de la décision d'une autre autorité.

Aux termes de l'article 46 (n° 23) de la loi du 10 août 1871, le conseil général statue définitivement sur les difficultés élevées au sujet de la répartition de la dépense des travaux qui intéressent plusieurs communes du département.

Cette disposition, d'après l'article 72 de la loi du 18 juillet 1837, devait s'appliquer sans distinction aux travaux constituant en principe une dépense communale obligatoire et à ceux qui n'avaient pas ce caractère. Aujourd'hui, l'article 72 précité étant abrogé, elle ne sera plus applicable qu'en matière de travaux qui rentrent dans la catégorie des dépenses communales obligatoires et ne tombent pas sous l'application de l'article 163 de la nouvelle loi municipale.

Qnand des questions autres que celle prévues par l'article 116 sont mises en discussion dans une conférence intercommunale, l'article 118 vous charge de déclarer la réunion dissoute. Toute délibération qui serait prise après cette déclaration tomberait sous l'application des dispositions et pénalités énoncées à l'article 34 de la loi du 10 août 1871.

Vous devriez dès lors, par un arrêté motivé, déclarer la réunion illégaie, prendre toutes les mesures nécessaires pour que l'assemblée se sépare immédiatement, et transmettre votre arrêté au procureur général du ressort, qui provoquerait, s'il y avait lieu, la condamnation aux peines déterminées par l'article 258 du Code pénal. Les membres condamnés seraient exclus du conseil municipal dont ils feraient partie, et inéligibles pendant trois années à partir de la condamnation.

Art. 119.

Emprunts des hospices, hôpitaux et autres établissements charitables communaux.

L'article 119 de la nouvelle loi est la reproduction de l'article 12 de la loi du 24 juillet 1867 concernant les emprunts des hospices, hôpitaux et autres établissements charitables communaux. Il décide qu'en cette matière les délibérations des commissions administratives sont exécutoires en vertu d'un arrêté du préfet, si l'avis du conseil municipal est conforme et si d'ailleurs :

1° La somme à emprunter ne dépasse pas le chiffre des revenus ordinaires de l'établissement ;

2° Si le remboursement doit être effectué dans un délai de douze ans.

Lorsque l'une de ces deux conditions ne sera pas remplie, l'emprunt devra être autorisé par décret.

Le décret sera rendu en Conseil d'État, si l'avis du conseil municipal est contraire à l'emprunt, ou s'il s'agit d'un établissement ayant plus de 100,000 francs de revenu.

Enfin une loi sera nécessaire lorsque la somme à emprunter dépassera 500,000 francs, ou lorsque cette somme, réunie au chiffre d'autres emprunts non encore remboursés, sera supérieure à 500,000 francs.

Création des bureaux de bienfaisance.

Il est à remarquer, Monsieur le Préfet, que la loi du 5 avril 1884 n'a pas reproduit l'article 14 de la loi du 24 juillet 1867, aux termes duquel la création des bureaux de bienfaisance était autorisée par les préfets sur l'avis des conseils municipaux.

Cette disposition se trouvant abrogée par l'article 168 de la nouvelle loi, on retombe sous l'empire du décret du 25 mars 1852. Or, ce décret, se fondant sur les principes consacrés par l'ancienne législation, notamment les édits de décembre 1666 et d'août 1749, avait décidé que les bureaux de bienfaisance, qui sont de véritables personnes civiles distinctes des communes, bien qu'elles aient avec celles-ci de nombreux points de contact, ne pourraient être créés qu'en vertu d'une autorisation du gouvernement.

L'autorisation du Président de la République, Monsieur le Préfet, sera donc désormais indispensable. Pour me mettre en mesure de la provoquer, vous aurez à me transmettre, avec votre avis motivé, la délibération du conseil municipal relative à la fondation du bureau de bienfaisance et un état des ressources destinées à assurer son fonctionnement.

A cette occasion, je crois devoir rappeler qu'il est nécessaire, dans l'intérêt même des établissements à créer et pour assurer leur stabilité, d'exiger qu'ils se trouvent pourvus d'une dotation d'au moins 50 francs, soit en immeubles, soit en rentes sur l'État, sans compter les subventions qui peuvent être accordées par les conseils municipaux et les recettes légalement attribuées aux pauvres, telles que le tiers du produit des concessions de terrains dans les cimetières et le droit établi en faveur des indigents à l'entrée des spectacles, bals et concerts, les quêtes dans les églises.

Art. 120.

Changement d'affectation des locaux ou objets, soit immobiliers, soit mobiliers, des établissements publics communaux.

L'article 120 a établi une règle nouvelle pour le cas où les commissions administratives chargées de la ges-

tion des établissements publics communaux propose-
raient soit de changer en totalité ou en partie l'affectation des locaux ou objets immobiliers appartenant
à ces établissements, dans l'intérêt d'un service public
ou privé quelconque, soit de les mettre à la disposition
d'un autre établissement ou d'un particulier. Les délibérations des commissions administratives relatives à
ces questions ne seront désormais exécutoires qu'après
avis du conseil municipal et en vertu d'un décret rendu
sur la proposition du Ministre de l'intérieur.

CHAPITRE II

DES ACTIONS JUDICIAIRES.

ART. 121 A 131.

Les articles 121 à 131 de la loi du 5 avril 1884 concernent les actions judiciaires à engager ou à soutenir au
nom soit des communes, soit des sections de commune.
Ils reproduisent les règles édictées par les articles 49
et suivants de la loi du 18 juillet 1837, avec certaines modifications qui les complètent ou les précisent.

L'article 121 de la nouvelle loi municipale pose en principe, comme le faisait l'article 49 de la loi de 1837, que

nulle commune ou section de commune ne peut ester en justice sans y être autorisée par le conseil de préfecture, et qu'après tout jugement intervenu elle ne peut se pourvoir devant un autre degré de juridiction sans une nouvelle autorisation du même conseil.

Sous l'empire de la loi de 1837, une commune ou section de commune, quelle que fût l'époque à laquelle elle avait sollicité l'autorisation qui lui était nécessaire pour intenter une action judiciaire ou y défendre, ne pouvait régulièrement ester en justice tant qu'elle n'avait pas obtenu formellement cette autorisation. Au contraire, aujourd'hui, d'après le troisième paragraphe de l'article 121 de la loi du 5 avril 1884, quand le conseil de préfecture n'a pas statué sur une demande en autorisation dans les deux mois qui la suivent, la commune ou section de commune est autorisée à plaider. En pareil cas, par le seul fait de l'expiration du délai de deux mois, le législateur accorde lui-même l'autorisation sollicitée. Il ne veut pas qu'un plus long retard, résultant de circonstances quelconques, puisse empêcher les municipalités d'exercer, en temps utile, des revendications légitimes ou de défendre efficacement des droits dont l'existence serait incontestable.

Les litiges intéressant les communes pourraient cependant être portés, dans des conditions moins favorables, devant les tribunaux judiciaires. Or, il est du devoir de l'Administration supérieure de prévenir, autant qu'il est en elle, les conséquences regrettables des procès engagés témérairement par les municipalités. Vous devez donc veiller avec le plus grand soin, Monsieur le Préfet, à ce que le conseil de préfecture, en matière d'autorisation de plaider, statue dans le délai légal, sauf les cas tout à fait exceptionnels de force majeure ou autres qui n'auraient pas permis de réunir, en temps utile, les éléments indispensables d'information.

L'article 55 de la loi du 18 juillet 1837 décidait que le maire pouvait sans autorisation intenter une action possessoire, ou y défendre et faire tous actes conservatoires ou interruptifs des déchéances.

L'article 122 de la loi du 5 avril 1884 maintient cette faculté au maire. Il lui reconnaît, en outre, le droit d'interjeter appel de tout jugement ou de se pourvoir en cassation avant d'avoir obtenu une nouvelle autorisation, sans laquelle, toutefois, il ne saurait suivre sur l'appel ou sur le pourvoi. Cette disposition est la consécration de la jurisprudence établie sous la législation antérieure.

La nécessité d'une autorisation souffre une autre exception dans le cas prévu à l'article 154 de la nouvelle loi municipale, c'est-à-dire lorsqu'il s'agit de défendre devant les tribunaux judiciaires aux oppositions formées contre les états dressés pour le recouvrement de recettes municipales.

La jurisprudence admet également qu'une commune ayant gagné son procès en première instance après avoir été formellement autorisée à ester en justice, n'a pas besoin d'une nouvelle autorisation pour défendre en appel.

Enfin, il est à remarquer que sous la loi du 5 avril 1884, les communes, pas plus que sous la législation antérieure, n'ont besoin d'aucune autorisation pour plaider devant les juridictions administratives.

D'ailleurs, même dans les divers cas où la commune n'a pas besoin d'être autorisée pour engager une instance, soit judiciaire, soit administrative, ou y défendre, le maire ne peut se passer de l'autorisation du conseil municipal. Il lui appartient, sans doute, de saisir à titre conservatoire, avant cette autorisation, la juridiction compétente, afin d'interrompre les prescriptions ou de prévenir les déchéances ; mais s'il veut suivre sur l'instance l'autorisation du conseil municipal lui est indispensable, aux termes de l'article 61 de la loi du 5 avril 1884, comme elle l'était déjà sous l'empire de la loi du 18 juillet 1837 (art. 19).

L'article 123 de la loi du 5 avril 1884 maintient la disposition du troisième paragraphe de l'article 49 de la loi du 18 juillet 1837.

Il reconnaît à tout contribuable inscrit au rôle des contributions directes dans la commune le droit d'exercer à ses frais et risques, avec l'autorisation du conseil de préfecture, les actions qu'il croit appartenir à la commune ou section et que celle-ci, préalablement appelée à en délibérer, a refusé ou négligé d'exercer.

La commune ou section de commune, d'après le troisième paragraphe de l'article 121, est implicitement autorisée par la loi à ester en justice lorsque le conseil de préfecture n'a pas statué au bout de deux mois sur la demande dont elle l'a saisi. Il en est autrement quand il s'agit de la demande d'un contribuable. En effet, les dispositions du troisième paragraphe de l'article 121 ont été édictées exclusivement en faveur des municipalités. Elles ne sont pas, par conséquent, applicables aux contribuables. Il ne peut jamais plaider au nom de la commune sans une autorisation formelle du conseil de préfecture ou du Conseil d'État.

Les articles 124 et 125 de la loi du 5 avril 1884 ont pour objet les actions que les particuliers veulent intenter contre une commune. Ils reproduisent avec certaines modifications les règles tracées par les articles 51 et 52 de la loi du 18 juillet 1837.

L'article 124 veut que l'action intentée contre une commune ne puisse, en principe, être portée devant les tribunaux que deux mois après la date du récépissé du mémoire présenté par le demandeur.

Cette disposition constitue une innovation importante. Le dernier alinéa du même article contient également une innovation qui mérite d'être signalée. Elle consiste en ce que la présentation du mémoire n'interrompra toute prescription ou déchéance qu'autant qu'elle sera suivie d'une demande en justice dans le délai de trois mois.

Aux termes de l'article 125, § 2, le conseil de préfecture décide si la commune doit être autorisée à plaider. Plusieurs arrêts de la Cour de cassation ont refusé de reconnaître au préfet, sous la loi du 18 juillet 1837, le pouvoir de se substituer au maire en vertu de l'article 15 pour défendre à une action judiciaire au nom d'une commune, lorsque le conseil de préfecture autorisait celle-ci à ester en justice, bien que le conseil municipal eût déclaré qu'il n'y avait pas lieu de plaider. Cette jurisprudence ayant parfois empêché l'Administration supérieure de faire respecter les droits incontestables d'une commune désertés en faveur de ses adversaires par une municipalité qui obéissait à des considérations d'intérêt personnel ou s'associait à des actes de collusion, le gouvernement crut devoir proposer de rédiger le second paragraphe de l'article 125 de manière à conférer au préfet le droit d'intervenir directement en pareilles circonstances. La Chambre des députés, après avoir adopté d'abord un amendement en ce sens, l'a repoussé, d'accord avec le Sénat. Le Parlement a craint qu'il ne fût une restriction excessive des libertés dont la nouvelle loi a voulu assurer le développement.

Ainsi, Monsieur le Préfet, sauf les cas où une loi spéciale vous en donnerait le pouvoir, il ne vous appartient pas plus sous la nouvelle loi municipale qu'il ne vous appartenait antérieurement, d'après la jurisprudence de la Cour de cassation, de vous substituer au maire qui refuse, conformément au vote du conseil municipal, de défendre à une action judiciaire au nom de la commune, malgré l'autorisation accordée par le conseil de préfecture. Mais il ne vous échappera pas que si le refus du maire était contraire à la résolution prise par le conseil municipal, il tomberait sous l'application de l'article 85 de la loi du 5 avril 1884. Vous pourriez alors intervenir en vertu de cet article. D'un autre côté, quand votre intervention directe sera interdite, rien ne s'opposera à ce que vous engagiez un contribuable à remplir les formalités de l'article 123 de la nouvelle loi pour obtenir l'autorisation de faire valoir les droits que la commune négligerait ou refuserait de défendre. Enfin le ministère public devant prendre des conclusions, d'après l'article 83 du Code de procédure civile, dans les causes concernant les communes, vous pourriez appeler son attention non seulement sur les faits qui ne permettraient pas de considérer comme justifiée l'abstention du conseil municipal, mais encore sur les renseignements ou les titres qui seraient de nature à établir les droits de la commune.

Les articles 126 et 127 de la nouvelle loi ouvrent aux communes, aux sections de commune ou aux contribuables la voie du recours contre les décisions du conseil de préfecture portant refus d'autorisation de plaider. Ils sont empruntés aux articles 53 et 54 de la loi du 18 juillet 1837. Ils les complètent et les précisent. Mais, contrairement à l'article 54 de la loi du 17 juillet 1837, l'article 127 déclare que si le Conseil d'État n'a pas statué dans le délai de deux mois qui suit l'enregistrement du pourvoi, la commune est autorisée à ester en justice. Cette disposition est analogue à celle du dernier paragraphe de l'ar-

ticle 121. Il est toutefois à remarquer que, d'après la
disposition finale de l'article 127, lorsqu'une commune
ou une section de commune, après avoir usé de l'autorisation tacite résultant du silence du Conseil d'État
succombera et voudra interjeter appel ou se pourvoir en
cassation, elle sera tenue de solliciter une nouvelle autorisation, conformément à l'article 121.

Art. 128, 129, 130 et 131.

Les articles 128, 129, 130 et 131 ont trait aux procè
qui peuvent s'engager, soit entre une section et la com
mune dont elle dépend, soit entre deux sections de l
même commune. Ils déterminent le mode d'organisatio
et de fonctionnement de la commission syndicale qui, e
pareil cas, doit représenter chacune des sections inté
ressées. Ils tracent en outre la marche à suivre pou
remplacer les membres du conseil municipal qui ne peu
vent prendre part à ses délibérations par suite de leu
intérêt à la jouissance des biens et droits revendiqué
par une section. Enfin ils décident que les charges o
contributions imposées pour l'acquittement des frais e
dommages-intérêts résultant d'un procès perdu par un
commune ne sont pas supportés par la section ou l
particulier ayant obtenu gain de cause.

Les dispositions qu'ils édictent sur ces divers objet
sont empruntées aux articles 56, 57 et 58 de la loi d
18 juillet 1837. Elles en diffèrent sur quelques point:
Elles sont, en outre, plus libérales. En effet, d'aprè
l'article 57 de la loi de 1837, tous les membres du con
seil municipal intéressés à la jouissance des biens e
droits revendiqués par une section devaient être ren

placés dans les délibérations relatives au litige ; le remplacement n'est exigé par l'article 130 de la loi du 5 avril 1884 que lorsque le conseil municipal se trouve réduit à moins du tiers par suite de l'abstention des conseillers intéressés. D'un autre côté, aux termes de l'article 56 de la loi de 1837, les membres de la commission syndicale étaient nommés par le préfet ; l'article 129 de la loi de 1884 en laisse le choix aux électeurs de la section qui l'habitent et aux personnes qui, sans être portées sur les listes électorales, sont propriétaires fonciers dans la section. L'article 56 de la loi de 1837 laissait au préfet l'appréciation des cas où la commission syndicale devait être constituée. L'article 129 de la nouvelle loi impose au préfet l'obligation de convoquer les électeurs dans le délai d'un mois pour nommer la commission syndicale, toutes les fois qu'un tiers des habitants ou des propriétaires de la section lui adresse, à cet effet, une demande motivée sur l'existence d'un droit litigieux à exercer au profit de la section contre la commune ou une section de la commune. Le préfet, sous la nouvelle loi municipale comme sous la législation antérieure, fixe le nombre des membres de la commission syndicale. Il ne pouvait le porter à moins de trois ni à plus de cinq sous la loi du 18 juillet 1837 (art. 56). Aujourd'hui, d'après l'article 129 de la loi du 5 avril 1884, il lui appartient de le fixer au chiffre qu'il juge convenable, à raison des circonstances.

Lorsqu'il s'agit d'une action à intenter ou à soutenir par une section contre une autre section ne dépendant pas de la même commune ou contre une commune autre que celle dont elle fait partie, aucune commission syndicale ne doit intervenir ; chaque section intéressée est représentée exclusivement par le conseil municipal et le maire de la commune à laquelle elle appartient.

Vous remarquerez, Monsieur le Préfet, qu'il n'est pas fait mention des établissements de bienfaisance au chapitre II du titre IV relatif aux actions judiciaires. On peut dès lors se demander si les articles de ce chapitre doivent leur être appliqués par analogie. Dans le doute possible sur la question de savoir si, en l'absence de dispositions concernant spécialement les établissements de bienfaisance, l'expiration des délais prévus aux articles 121 et 127 suffit à habiliter ces établissements à ester en justice, il conviendra que le conseil de préfecture statue toujours dans le délai de deux mois.

———

CHAPITRE III

DU BUDGET COMMUNAL.

———

PREMIÈRE SECTION.

RECETTES ET DÉPENSES.

ART. 132.

Division du budget communal.

L'article 132 de la loi du 5 août 1884 porte que le budget communal se divise en budget ordinaire et en budget extraordinaire. Bien que cette division ne fût pas prescrite par les lois antérieures, elle existait en fait dans tous les budgets communaux. Dès lors la rédaction de ces budgets ne devra, jusqu'à nouvel ordre, recevoir aucune modification et les administrations municipales pourront continuer de se servir des modèles employés jusqu'à ce jour.

Art. 133.

Recettes du budget ordinaire.

L'article 133 énumère les recettes du budget ordinaire. Il reproduit l'article 31 de la loi du 18 juillet 1837 avec certaines modifications ou additions dont les plus importantes sont celles des paragraphes 5, 6, 7, 9, 13 et des deux derniers alinéas.

Produits des octrois municipaux affectés aux dépenses ordinaires.

§ 5. L'article 31 de la loi du 18 juillet 1837 (n° 5) faisait figurer au nombre des recettes ordinaires le produit des octrois municipaux.

La nouvelle loi n'apporte, en réalité, sur ce point, aucune modification à l'ancienne législation. La loi de 1837, il est vrai, ne spécifiait pas que le produit des octrois municipaux affectés aux dépenses ordinaires devait seul figurer parmi les recettes ordinaires des communes. Mais cette distinction avait toujours été admise dans la pratique.

Droits de place perçus dans les halles, etc.

§ 6. Le paragraphe 6 de la loi du 5 avril 1884 range dans la catégorie des recettes du budget ordinaire le produit des droits de place perçus dans les halles, foires, marchés, abattoirs, d'après les tarifs dûment établis.

Ce paragraphe est emprunté au paragraphe 6 de l'article 31 de la loi du 18 juillet 1837.

En ce qui concerne les tarifs des droits de place à percevoir dans les halles, foires et marchés, la loi du 24 juillet 1867 (art. 1er, § 4) donnait au conseil municipal un pouvoir de règlement quand il y avait accord entre le maire et le conseil. Dans tous les cas, désormais, les délibérations par lesquelles le conseil municipal vote le tarif de ces droits doivent être soumises à votre approbation aux termes des articles 68 et 69 de la nouvelle loi municipale.

Quant aux taxes d'abatage, leur fixation reste subordonnée à l'application du décret du 1er août 1864. Le tarif devra, par conséquent, être, selon les cas, homologué comme par le passé par vous ou par décret rendu en Conseil d'État.

Droits de stationnement et de location sur la voie publique, sur les rivières, ports, quais fluviaux et autres lieux publics.

§ 7. Les recettes du budget ordinaire énoncées au paragraphe 7 de l'article 133 de la loi du 5 avril 1884 consistent dans le produit des permis de stationnement et des locations sur la voie publique, sur les rivières, ports et quais fluviaux et autres lieux publics.

La perception de ce produit en faveur des communes a été autorisée, pour la première fois, dans la législation moderne, par la loi du 11 frimaire an VII (art. 7). La loi du 18 juillet 1837 (art. 31, n° 7) l'a maintenue. Depuis, les lois annuelles de finances n'ont pas cessé de l'admettre. Elle est consacrée de nouveau par la loi du 5 avril 1884. Elle peut avoir lieu aujourd'hui, comme sous la législation antérieure, non seulement sur les dépendances de la petite voirie, mais encore sur celles de la grande. Toutefois, relativement aux dépendances de la grande voirie, il y a actuellement des restrictions qui n'existaient pas anciennement. En effet, la loi de finances du 20 décembre 1872 (art. 2) a réservé au profit de l'État les redevances à percevoir à titre d'occupation temporaire ou de location des plages et autres parties du domaine public maritime. La loi du 5 avril 1884 (art. 133, n° 7) exclut, en outre, des emplacements dont l'occupation peut donner lieu à la perception de redevances municipales les ports et quais qui ne sont pas fluviaux. Par suite, ce n'est que dans le cas où l'État renoncerait en faveur des communes, dans les ports de mer ou sur les quais maritimes, à percevoir des redevances à titre d'occupation temporaire ou de location, que les municipalités pourraient légalement y faire des perceptions de cette nature. Par ports maritimes, d'après l'esprit sinon d'après le texte de la nouvelle loi, il faut entendre, indépendamment des ports existant sur le rivage de la mer, ceux qui, dans les limites de l'inscription maritime, sont situés au bord d'un fleuve ou d'une rivière où pénètre le flux de la mer. Tels sont les ports de Bordeaux, de

Nantes, de Rouen et autres moins importants, mais dans une situation analogue.

Des difficultés se sont élevées, sous la législation antérieure, sur le point de savoir quel est le caractère de l'occupation du domaine public national terrestre ou fluvial à raison de laquelle les communes peuvent être admises à faire les perceptions de la nature de celles prévues au paragraphe 7 de l'article 133 de la loi du 5 avril 1884. Le gouvernement crut devoir appeler le Conseil d'État à se prononcer sur ces difficultés. D'après un avis de principe exprimé par le Conseil, le 30 novembre 1882, l'occupation entraînant une emprise du domaine public ou une modification de son assiette ne rentre pas dans la catégorie de celles à raison desquelles un droit de stationnement ou de location peut être perçu par la commune; mais, dans les autres cas, au point de vue de la perception de ce droit, il n'y a pas à distinguer si l'occupation est seulement momentanée ou si elle se prolonge plus ou moins longtemps.

En maintenant, dans le paragraphe 7 de l'article 133 de la nouvelle loi, le mot *location*, auquel on avait proposé de substituer une expression qui, dans la pensée des auteurs de la proposition, impliquait l'idée d'une occupation passagère, le législateur a repoussé également toute distinction, en cette matière, entre les occupations momentanées et les occupations d'une certaine durée. Il admet les perceptions municipales pour les secondes, au même titre que pour les premières, lors même qu'elles sont permanentes, comme celles qui résultent d'un dépôt de marchandises dans les ports ou du stationnement de pontons, de bateaux, lavoirs ou de bateaux pour bains sur les fleuves ou rivières. Toutes, d'ailleurs, sont essentiellement précaires, et les autorisations ou permissions dont elles sont l'objet peuvent toujours être retirées par l'Administration supérieure dans l'intérêt général de la navigation ou de la circulation.

L'occupation résultant de l'établissement de kiosques qui servent, dans les rues ou sur les places dépendant de la grande voirie, à la publicité ou à la vente des journaux ne doit pas, aux termes de l'avis du 30 novembre 1882, être considérée, par suite de la légèreté des travaux reliant ces édifices au sol, comme une emprise du domaine public ou une modification de son assiette. Elle tombe, dès lors, sous l'application du paragraphe 7 de l'article 133 de la loi du 5 avril 1884.

Dans tous les cas, il est à remarquer que les perceptions faites au profit de la commune doivent avoir lieu en vertu d'un tarif régulièrement homologué.

Ce tarif est d'abord voté par le conseil municipal; il est ensuite soumis à votre sanction s'il s'agit de droits de stationnement, de place ou de location à percevoir sur les dépendances de la petite voirie ou sur les rivières non navigables ou flottables. A cet égard, le conseil municipal n'a plus le pouvoir de décision propre que lui accordait l'article 1er de la loi du 24 juillet 1867, lorsqu'il y avait accord entre le maire et le conseil. Le législateur a pensé, relativement aux droits dont il est question, comme en ce qui touche les droits perçus dans les halles, foires ou marchés, que la création de semblables redevances exigeait l'intervention de l'Administration supérieure pour sauvegarder les divers intérêts qui pourraient être lésés par l'établissement de taxes excessives.

Quant aux droits de stationnement, de place ou de location à percevoir sur les dépendances de la grande voirie, comme ils peuvent affecter directement les intérêts généraux de l'État, le pouvoir d'en autoriser la

création et d'en approuver le tarif n'a pas été décen-
tralisé. Il est exercé par le Président de la République,
sur le rapport du Ministre de l'intérieur, après avis du
Ministre des travaux publics, au sujet des droits à
percevoir, soit sur les rivières navigables ou flottables,
soit sur leurs berges. Le Ministre de l'intérieur statue
lui-même après avoir consulté son collègue, lorsque la
perception doit s'opérer sur d'autres dépendances de la
grande voirie.

Vous devez, par conséquent, m'adresser avec vos
propositions toutes les demandes par lesquelles une
commune sollicite l'autorisation de percevoir des
droits de stationnement, de place ou de location sur le
domaine public national terrestre ou fluvial. Vous
veillerez à ce qu'il soit produit, à l'appui de ces
demandes, le tarif de perception voté par le conseil
municipal, le procès-verbal de l'enquête à laquelle ce
tarif aura été soumis dans les formes déterminées par
l'instruction ministérielle du 20 mars 1825, les documents faisant connaître la situation financière de la
commune et les observations des ingénieurs des ponts
et chaussées, au point de vue des intérêts de la circulation ou de la navigation.

Vous ne perdrez pas de vue, Monsieur le Préfet, que
les communes ne doivent être autorisées à percevoir
des droits de stationnement, de place ou de location
sur les dépendances de la petite voirie, comme sur
celles de la grande, qu'autant qu'elles ont besoin de se
créer des ressources pour subvenir à leurs dépenses
ordinaires. D'un autre côté, l'Administration supérieure
a pour devoir de veiller à ce que ces droits soient mo-
dérés, afin de ne pas entraver le développement du
commerce ou de l'industrie. En outre, comme ils re-
présentent, ainsi que les droits de place dans les halles,

foires et marchés, le prix de location d'emplacements, elle doit exiger que les uns et les autres soient calculés d'après la superficie de ces emplacements et non à raison de la valeur des objets que l'on y dépose ou que l'on y fait stationner. Enfin, conformément aux dispositions de la loi du 11 frimaire an VII (art. 7) et de la nouvelle loi municipale (art. 98), l'Administration supérieure compétente ne doit autoriser l'établissement des droits sur les dépendances de la grande ou de la petite voirie et homologuer le tarif de perception qu'après avoir reconnu qu'il n'en résultera pas de sérieux inconvénients au point de vue des intérêts de la circulation ou de la navigation.

Produit des terrains communaux affectés aux inhumations et des concessions dans les cimetières.

§ 9. Parmi les recettes du budget ordinaire figurent, aux termes de l'article 133 (§ 9) de la loi du 5 avril 1884, le produit des terrains communaux affectés aux inhumations et la part revenant aux communes dans le prix des concessions dans les cimetières.

Le produit des terrains communaux affectés aux inhumations comprend le produit spontané qui, d'après l'article 136 (n° 4) du décret du 30 décembre 1809, faisait partie des revenus de la fabrique. L'article 168 de la nouvelle loi municipale abroge cette disposition du décret de 1809.

La part revenant aux communes dans le prix des concessions de terrains pour sépulture privée dans les cimetières a été fixée aux deux tiers par l'ordonnance du 6 décembre 1843; l'autre tiers est destiné aux pauvres ou aux établissements de bienfaisance, conformément à l'article 3 de cette ordonnance et à l'article 11 du décret du 23 prairial an XII.

La loi du 24 juillet 1867 (art. 1ᵉʳ, § 6) rangeait au nombre des délibérations réglementaires les délibérations par lesquelles le conseil municipal vote le tarif des concessions dans les cimetières ; elles ne devaient être soumises à la sanction préfectorale qu'en cas de désaccord entre le maire et le conseil. Sous l'empire de la loi du 5 avril 1884, ces délibérations sont toujours subordonnées à l'approbation du préfet.

Taxe de balayage.

§ 13. En règle générale, d'après les règlements locaux ou les anciens usages, le balayage des voies publiques, en France, à l'intérieur des agglomérations d'habitations, incombe aux propriétaires des fonds riverains, sauf la partie centrale des places, carrefours, avenues ou boulevards, qui doit être balayée par les soins des municipalités.

Les propriétaires ou les locataires les représentant remplissent mal, le plus souvent, l'obligation qui leur est ainsi imposée, bien qu'elle soit sanctionnée par le Code pénal (art. 471, nᵒˢ 3 et 15).

Les administrations municipales de beaucoup de villes, afin de mieux assurer le nettoiement des voies publiques intérieures et de ne pas avoir à provoquer de nombreuses poursuites devant les tribunaux de police, font procéder elles-mêmes au balayage dont se trouvent tenus les propriétaires ou locataires. Ordinairement elles ne se substituent à cet effet aux particuliers qu'autant qu'ils consentent un abonnement dont le tarif a été voté par le conseil municipal et approuvé par le préfet. Le système de l'abonnement facultatif présente, au point de vue de la bonne exécution du balayage, de sérieux avantages sur celui qui consiste à contraindre tous les propriétaires ou locataires à faire le travail auquel ils sont obligés. Il assure plus d'unité, de célérité et de régularité au balayage opéré pour le compte des abonnés; mais il laisse subsister les inconvénients du système contraire en ce qui touche le balayage des non-abonnés. D'un autre côté, l'emploi des machines à balayer, en usage dans certaines villes, se concilie difficilement avec l'abonnement facultatif, car il est à peu près impossible d'arrêter à chaque instant l'action des machines rencontrant sur leur parcours les sections de rue ou de place qui doivent être balayées par les non-abonnés. Aussi arrive-t-il fréquemment que les balayeuses dispensent ceux-ci de leur travail, sans qu'ils aient à payer aucune rémunération. De là une inégalité fâcheuse entre les abonnés et les non-abonnés.

La municipalité de Paris, où le système de l'abonnement facultatif était pratiqué, voulant obvier aux graves inconvénients qu'il ne pouvait faire disparaître, et atténuer les charges considérables qui en résultaient pour les finances de la ville, demanda que, dans la capitale, l'obligation du balayage cessât d'être une simple prestation en nature rachetable à volonté en argent et fût convertie, d'une manière absolue, en une taxe en numéraire représentant les frais du balayage qu'elle serait chargée d'exécuter d'office pour le compte des particuliers. La demande de l'Administration municipale de Paris a été accueillie par une loi du 26 mars 1873.

Aux termes de cette loi, la charge incombant aux

propriétaires riverains des voies de Paris livrées à la circulation publique, de balayer, chacun au droit de sa façade sur une largeur égale à la moitié des voies, sans pouvoir dépasser celle de 6 mètres, est convertie en une taxe municipale obligatoire payable en numéraire, suivant un tarif délibéré par le conseil municipal, après enquête, et approuvé par un décret rendu dans la forme des règlements d'administration publique, tarif qui doit être renouvelé tous les cinq ans. Il n'est pas tenu compte, dans l'établissement de la taxe, de la valeur des propriétés riveraines, mais seulement des nécessités de la circulation, de la salubrité et de la propreté de la voie publique. La taxe ne peut excéder la dépense occasionnée à la ville par le balayage de la superficie à la charge des habitants. Le recouvrement de la taxe a lieu comme en matière de contributions directes. Enfin, elle n'exempte pas les riverains de la voie publique des obligations que leur imposent les règlements de police en temps de neige et de glace (1).

Le Ministre de l'intérieur avait proposé d'introduire dans la loi du 26 mars 1873 un article autorisant le gouvernement à déclarer, par des décrets rendus dans la forme des règlements d'administration publique, la nouvelle loi applicable aux villes qui en feraient la demande. L'Assemblée nationale n'admit pas cet article, par le motif que les circonstances locales pouvaient exiger des règles différentes de celles édictées pour la capitale. Elle vou-

____

(1) Le tarif de la taxe de balayage perçu à Paris a été homologué pour la première période quinquennale de 1874 à 1878, par les décrets des 24 décembre 1873 et 12 février 1877 ; pour la période de cinq ans, de 1879 à 1883, par le décret du 4 décembre 1878 ; pour la période comprenant 1884 à 1888, par le décret du 29 décembre 1883.

lut laisser aux villes des départements la faculté d'obtenir, par des lois spéciales, le bénéfice de la loi du 26 mars 1873, avec les modifications que le législateur jugerait opportunes.

La ville de Lyon ayant sollicité ce bénéfice, un projet de loi tendant à le lui accorder fut soumis à l'Assemblée nationale en 1874. Le gouvernement le retira, au mois de mai 1875, en présence d'objections tirées des difficultés assez nombreuses qu'avait soulevées l'exécution de la loi du 26 mars 1873. Mais ces difficultés ne tardèrent pas à disparaître. Depuis plusieurs années, la taxe de balayage à Paris ne donne lieu qu'à un petit nombre de réclamations. Les réclamations qui se produisent actuellement ne sont guère motivées que sur des erreurs commises dans l'application du tarif. On reconnaît généralement les avantages du travail dont la taxe est le prix. Aussi les Chambres législatives n'ont-elles pas hésité à autoriser, par la loi du 31 juillet 1880, les villes d'Alger et d'Oran à percevoir une taxe de balayage analogue à celle qui est établie à Paris.

Un nombre considérable de villes de la métropole ont récemment sollicité la même faveur. Le désir qu'elles manifestent à ce sujet est justifié par la nécessité de remédier aux divers inconvénients signalés plus haut. Le balayage de la plupart des voies urbaines livrées à la circulation générale [ne saurait être effectué régulièrement, selon les exigences de l'hygiène et de la salubrité, sans être l'objet d'un service public donnant à l'Administration municipale la faculté d'y faire procéder d'office pour le compte de tous les propriétaires auxquels il incombe. Ceux-ci, de leur côté, ne pourraient être fondés à se plaindre d'avoir à supporter une taxe représentant seulement les frais du travail dont ils cesseraient d'être chargés. Les bases rationnelles et les conditions équitables d'une pareille taxe seraient, dans presque toutes les villes, les bases et les conditions de la taxe créée par la loi du 26 mars 1873. Dès lors, il semblait superflu de faire intervenir le législateur pour statuer sur toutes les demandes des villes en autorisation d'établir une taxe de balayage.

Le gouvernement a pensé que la délégation proposée par un de mes prédécesseurs, en 1875, suffirait. Il a, par suite, présenté, dans le but de l'obtenir, un amendement que le Sénat et la Chambre des députés ont adopté. Cet amendement est devenu le paragraphe 13 de l'article 133 de la nouvelle loi municipale. Il confère au gouvernement le pouvoir d'autoriser, par des décrets rendus dans la forme des règlements d'administration publique, les communes de France ou d'Algérie à établir une taxe de balayage, conformément aux dispositions de la loi du 26 mars 1873.

Il appartient au gouvernement d'exercer ce pouvoir à l'égard non seulement des villes, mais encore des communes moins importantes. Toutefois, il ne vous échappera pas, Monsieur le Préfet, que généralement l'établissement de la taxe de balayage ne serait justifié et ne présenterait des avantages sérieux que dans les agglomérations considérables d'habitations. Dans les communes rurales, la substitution d'une redevance pécuniaire à une prestation en nature soulèverait de vives et nombreuses réclamations. Il importe d'autant plus de les prévenir, en laissant aux habitants le soin de balayer les rues, que, dans les campagnes, la manière défectueuse dont le balayage peut être exécuté ne saurait extraordinairement entraîner de graves inconvénients au point de vue de l'hygiène ou de la salubrité comme dans les villes.

Les villes elles-mêmes ont parfois des faubourgs, des quartiers ou des rues se détachant plus ou moins du centre des habitations et se trouvant dans des conditions analogues à celles des communes rurales. L'esprit et le texte de la loi me sembleraient admettre, en pareil cas, l'application de la taxe de balayage aux seules voies publiques dont la situation rendrait la mesure opportune ou nécessaire.

Les décrets portant autorisation d'établir la taxe de balayage seront provoqués par le Ministre de l'intérieur.

Lorsqu'une municipalité voudra solliciter cette autorisation, les principales formalités qui devront être remplies avant que vous m'adressiez sa demande avec votre avis motivé, sont les suivantes :

Il sera procédé à une enquête dans les formes tracées par l'ordonnance de 23 août 1835.

Les pièces du projet sur lequel elle s'ouvrira comprendront notamment le tableau des voies publiques auxquelles il s'agira d'appliquer la taxe de balayage, un plan d'ensemble de la ville ou de la commune sur lequel ces voies seront indiquées par des teintes spéciales, l'état des dépenses que doit occasionner à la ville ou à la commune le balayage qui incombe aux habitants, le tarif d'après lequel la taxe devra être perçue, l'évaluation du produit annuel qu'elle produira, le procès-verbal de la délibération par laquelle le conseil municipal aura voté l'établissement de la taxe et adopté le tarif de perception.

L'enquête terminée, le conseil municipal prendra une nouvelle délibération par laquelle, après avoir discuté les objections ou réclamations qui auraient été formulées contre le projet, il se prononcera définitivement sur la demande à soumettre au gouvernement.

Vous me transmettrez ensuite, en y réunissant vos propositions, toutes les pièces qui auront servi de base à l'information et qui devront être revêtues du visa du commissaire enquêteur, le procès-verbal de l'enquête, l'avis du commissaire enquêteur, la dernière délibération du conseil municipal, l'avertissement ainsi que le certificat prescrit par l'article 2 de l'ordonnance du 23 août 1835 et les autres documents dont la production vous paraîtrait utile.

Contributions, taxes et droits divers.
Centimes pour insuffisance de revenus.

§ 14. Le paragraphe 14 de l'article 133 de la nouvelle loi municipale termine l'énumération des recettes du budget ordinaire, en déclarant qu'elle comprend, indépendamment des recettes indiquées dans les paragraphes qui précèdent, le produit des contributions, taxes et droits dont la perception est autorisée en faveur des communes.

Le produit de ces contributions, taxes et droits consiste principalement dans celui non seulement des centimes pour insuffisance de revenus, mais encore de la taxe municipale sur les chiens et de la taxe destinée à l'entretien du pavage en vertu d'anciens usages. La législation antérieure est maintenue en ce qui touche ces deux genres de taxes.

Les deux derniers alinéas de l'article 133 de la loi du 5 avril 1884 édictent les règles de compétence qui doivent être appliquées aujourd'hui en matière d'autorisation de centimes pour insuffisance de revenus.

L'établissement de ces centimes sera autorisé par arrêté du préfet, lorsqu'il s'agira de dépenses obligatoires, et il sera approuvé par décret, dans les autres cas (c'est-à-dire lorsqu'il s'agira de dépenses facultatives).

En ce qui touche cette catégorie d'impositions, vous devrez continuer à m'adresser, en triple expédition, pour les communes dont les revenus ne dépassent pas 100,000 francs, les états exigés par les circulaires des 13 décembre 1842 et 7 août 1846. Quand, au contraire, la perception d'une imposition de cette nature devra être autorisée dans une ville dont les revenus excèdent 100,000 francs, vous aurez à me transmettre, avec vos propositions motivées, tous les documents nécessaires pour me permettre d'apprécier avec exactitude la situation financière de la ville, savoir : les budgets primitif et additionnel, ainsi qu'un relevé présentant, d'après les trois derniers comptes, les recettes et les dépenses communales séparées en ordinaires et extraordinaires.

Vous remarquerez, Monsieur le préfet, qu'en thèse générale une commune dont les revenus dépassent 100,000 francs doit être en mesure de pourvoir au payement de ses dépenses annuelles à l'aide de ses ressources normales et sans recourir à la voie de l'imposition. Dès lors, il importe qu'avant de sanctionner le vote municipal l'Administration supérieure ait sous les yeux les pièces financières que je viens de mentionner.

J'ajouterai que, comme sous l'empire de la législation antérieure, les centimes applicables aux dépenses annuelles obligatoires ou facultatives ne comptent pas dans le nombre des centimes extraordinaires que les conseils municipaux peuvent voter jusqu'à concurrence du maximum fixé par le conseil général.

ART. 134.

Recettes du budget extraordinaire.

L'article 134 de la loi du 5 avril 1884 indique les catégories de recettes du budget extraordinaire. Il reproduit celles qu'énonçait l'article 32 de la loi du 18 juillet 1837. Il y ajoute le produit des taxes ou des
surtaxes d'octroi spécialement affectées à des dépenses
extraordinaires et à des remboursements d'emprunts.

L'omission qui se trouvait dans la loi de 1837 à cet
égard n'était qu'apparente. Elle provenait de ce que le
législateur ne s'était alors occupé que des taxes principales qui constituent le fonds même du produit de
l'octroi.

Suivant la jurisprudence constante du Conseil d'État,
du Ministère des finances et du Ministère de l'intérieur,
le produit des surtaxes, ainsi que celui des taxes additionnelles et extraordinaires, avait toujours été inscrit au
chapitre II du budget. La nouvelle loi ne fait donc que
consacrer d'une façon expresse et formelle cette jurisprudence.

ART. 135.

Dépenses du budget ordinaire et du budget
extraordinaire.

L'article 135 de la loi du 5 avril 1884, aux termes duquel les dépenses du budget ordinaire comprennent les

dépenses annuelles et permanentes d'utilité communale et les dépenses du budget extraordinaire comprennent les dépenses accidentelles ou temporaires qui sont im-putées sur les recettes énumérées à l'article 134 ou sur l'excédent des recettes ordinaires, ne figurait pas dans les lois antérieures. Mais, en fait, les dépenses étaient séparées dans les budgets, suivant les règles indiquées dans l'article 135. Cet article, dès lors, ne fait que maintenir l'état de choses existant précédemment.

ART. 136.

Dépenses obligatoires.

L'article 136 de la loi du 5 avril 1884 fait l'énumération des dépenses communales obligatoires. Il est em-prunté à la loi du 18 juillet 1837 (art. 30) et à des lois spéciales. Il contient, en outre, plusieurs paragraphes modifiant ou complétant la législation antérieure. Je bornerai mes observations à ces derniers.

Frais de bureau,
d'impression et de conservation des archives.

§ 2. Le paragraphe 2 comprend au nombre des dépenses obligatoires :

1° Les frais de bureau et d'impression pour le service de la commune ;

2° Les frais de conservation des archives communales et du *Recueil des actes administratifs* du département;

3° Les frais d'abonnement au *Bulletin des communes*, et, pour les communes chefs-lieux de canton, les frais d'abonnement et de conservation du *Bulletin des lois*.

La loi du 18 juillet 1837 rangeait déjà parmi les dépenses obligatoires les frais de bureau et d'impression pour le service de la commune.

Les frais de conservation des archives communales et du *Recueil des actes administratifs* de la préfecture pouvaient être considérés comme rentrant dans les frais de bureau; le législateur a cru néanmoins devoir les énumérer spécialement, pour bien marquer l'intérêt qu'il attache à ce que les archives et les collections des documents officiels soient l'objet de soins particuliers.

La loi de 1837 rangeait les frais d'abonnement au *Bulletin des lois* parmi les dépenses obligatoires de toutes les communes. Mais le décret du 12 février 1852 restreignit cette obligation aux communes chefs-lieux de canton, et remplaça, pour les autres, le *Bulletin des lois* par le *Moniteur des communes*, feuille officielle rédigée par les soins et sous la surveillance du Ministre de l'intérieur et contenant les lois, les décrets et les instructions du gouvernement ou une analyse sommaire de ces divers actes. Le *Moniteur des communes* dura jusqu'en 1871, époque à laquelle le gouvernement, par décret du 27 décembre, créa une publication nouvelle qui prit le nom de *Bulletin des communes*.

La loi du 5 avril, en consacrant le caractère obligatoire de l'abonnement à cette feuille pour les communes qui ne sont pas chefs-lieux de canton, les dispense formellement de s'abonner au *Bulletin des lois*.

Le *Bulletin des communes* paraissant en placards destinés à l'affichage est remplacé chaque semaine par un nouveau numéro et par suite nécessairement détruit.

Mais le *Bulletin des lois* doit former, aux chefs-lieux de canton, une collection qu'il importe de conserver avec soin de manière à ce qu'elle puisse toujours être consultée.

Le meilleur mode de conservation sera la reliure par semestre des volumes de la collection.

Frais de recensement de la population.

§ 3. De même que la loi du 18 juillet 1837, l'article 136 de la loi du 5 avril range parmi les dépenses obligatoires les frais du recensement quinquennal de la population.

Frais d'élections.

La loi du 7 août 1850 avait mis les frais de tenue des assemblées électorales à la charge des communes dans lesquelle se fait l'élection. L'article 2 de cette même loi ajoutait : « Ces dépenses seront comprises au nombre de celles qu'énumère l'article 30 de la loi du 18 juillet 1837. »

La loi du 5 avril n'a donc rien innové sur ce point, mais la disposition relative aux cartes électorales est entièrement nouvelle. Pour donner une sanction à la disposition de l'article 13 qui oblige le maire à délivrer une carte à chaque électeur, l'article 136 a rendu cette dépense obligatoire.

Vous remarquerez, Monsieur le Préfet, que la loi ne distingue pas entre les diverses natures d'élections; qu'il s'agisse soit d'une élection politique, soit d'une élection départementale ou autre, la commune doit subvenir aux frais de tenue de l'assemblée et à ceux des cartes électorales.

Frais des registres de l'état civil.

§ 4. La loi du 18 juillet 1837 classait seulement parmi les dépenses obligatoires des communes les frais des registres de l'état civil et la portion des tables décennales à la charge des communes. La nouvelle loi ajoute à cette énumération la dépense des livrets de famille.

Livrets de famille.

Vous savez, Monsieur le Préfet, que ce livret qui doit être remis gratuitement aux conjoints, lors de la célébration du mariage, est destiné à recevoir par extrait les énonciations principales des actes de l'état civil intéressant chaque famille. Il doit être représenté toutes les fois qu'il y aura lieu de faire dresser un acte de naissance ou de décès. A chaque nouvelle déclaration, l'officier de l'état civil appose, à la suite de la mention sommaire consignée sur le livret, sa signature et le cachet de la mairie.

Cette mesure est appelée à rendre d'importants services, car les livrets constituent en quelque sorte un troisième dépôt des actes de l'état civil confié à la garde

des intéressés; ils seront une source de renseignements précieux pour le cas ou les registres viendraient
à être détruits. De plus, en se reportant au livret pour
la rédaction de chaque acte nouveau intéressant la famille, on évitera les erreurs qui se glissent trop fréquemment dans l'indication des prénoms ou l'orthographe
des noms.

Un tiers des communes avait déjà adopté cette utile
institution recommandée par un de mes prédécesseurs
(1) et par M. le Garde des sceaux (2). Le législateur
de 1884 a voulu la généraliser en la rendant obligatoire
pour toutes les communes. Mais la dépense, qui est mi-
nime (10 ou 12 centimes par mariage contracté) sera très
facilement supportée par les communes.

Pensions communales.

§ 7. La loi du 5 avril, de même que celle de 1837,
range parmi les dépenses obligatoires les pensions à la
charge de·la commune lorsqu'elles ont été régulière-
met liquidées et approuvées.

Les pensions communales sont de deux sortes : ou
bien elles sont concédées sur les caisses tontinières ali-
mentées par les retenues exercées sur les traitements
des employés municipaux et par les subventions municipales; ou bien elles sont, en l'absence d'une caisse
spéciale de retraites, concédées à d'anciens employés
par prélèvement direct sur le budget municipal.

Les pensions régulièrement concédées, de quelque

(1) Circulaire du 18 mars 1877.
(2) Circulaire du 18 novembre 1876.

nature qu'elles soient, constituent pour les intéressés un droit acquis et deviennent par suite, pour les communes, une charge obligatoire. Il résulte, en effet, de la discussion de la loi du 18 juillet 1837 (1) que l'obligation s'applique aussi bien aux pensions liquidées sur le budget communal qu'à celles qui sont concédées sur les fonds de retenue, et rien n'indique que le législateur de 1884 ait entendu modifier l'ancienne règle sur ce point.

La liquidation des pensions a lieu conformément aux règlements particuliers des caisses de retraites, ou, lorsqu'elles sont concédées directement sur les fonds communaux, conformément aux règles établies par le décret du 4 juillet 1806, qu'un avis du Conseil d'État du 17 novembre 1811 a déclaré applicables à la liquidation des pensions municipales.

Les pensions sont concédées par arrêté préfectoral après délibération du conseil municipal (décret du 25 mars 1852, tableau A, 38°).

Quant à la création des caisses de retraites et à la modification de leurs règlements, elles restent soumises à la sanction du gouvernement, conformément au principe d'après lequel aucun établissement public ne peut être créé que par l'autorité publique.

Indemnités de logement aux ministres du culte. — Grosses réparations aux édifices religieux.

§§ 11 et 12. La loi du 5 avril 1884 (art. 136, § 11) comprend parmi les dépenses obligatoires des com-

____

(1) Chambre des pairs, art. 30, § 9.

munes l'indemnité de logement aux curés, desservants et ministres des autres cultes salariés par l'État, lorsqu'il n'existe pas de bâtiment affecté à leur logement, et lorsque les fabriques ou autres administrations prépo= sées aux cultes ne pourront pourvoir elles-mêmes au payement de cette indemnité.

La nouvelle loi (art. 136, § 12) déclare également obligatoires pour les communes les dépenses des grosses réparations aux édifices communaux, sauf, lorsqu'ils sont consacrés aux cultes, l'application préalable des reve- nus et ressources disponibles des fabriques à ces répa- rations, et sauf l'exécution des lois spéciales concernant les bâtiments affectés à un service militaire.

Le législateur ajoute que, s'il y a désaccord entre la fabrique et la commune, lorsque le concours financier de cette dernière est réclamé dans les cas prévus aux pa- ragraphes 11 et 12 , il sera statué par décret sur les propositions des Ministres de l'intérieur et des cultes.

Vous remarquerez, Monsieur le Préfet, que la loi du 5 avril 1884 ne maintient pas au nombre des dépenses obligatoires des communes celles qui étaient comprises au nᵒ 14 de l'article 30 de la loi du 18 juillet 1837, c'est- à-dire les ressources que les communes étaient tenues de fournir aux fabriques et autres administrations pré- posées aux cultes quand il y avait insuffisance de leurs revenus justifiée par leurs comptes et budgets. Ces dé- penses ne sont plus que facultatives pour les communes; il en est de même des dépenses d'entretien des édifices communaux consacrés aux cultes ; elles restent à la charge exclusive des administrations préposées aux cultes.

En ce qui touche le logement des ministres des cultes et les grosses réparations aux édifices religieux, les para- graphes 11 et 12 de l'article 136 de la loi du 5 avril 1884

consacrent la législation et la jurisprudence antérieures en décidant que c'est seulement à défaut de ressources disponibles des fabriques qu'il sera obligatoire
pour les communes de payer une indemnité de logement
aux ministres des cultes salariés par l'État, s'il n'existe
pas de bâtiment affecté à leur logement, et d'acquitter
les dépenses des grosses réparations des édifices communaux servant aux cultes.

Les fabriques peuvent d'ailleurs employer d'abord
leurs revenus aux dépenses justifiées par les exigences
du service des cultes et à l'entretien des édifices parois-
siaux; l'excédent de leurs revenus disponibles seul doit
nécessairement être appliqué aux grosses réparations
et à l'indemnité de logement.

Le modèle de budget et de compte en vigueur pour
les établissements ecclésiastiques distingue leurs dépenses en obligatoires et facultatives, et leurs ressources
disponibles sont celles qui résultent de la différence
entre l'ensemble de leurs ressources de toute nature et
le total de la première catégorie de dépenses.

Si des difficultés s'élevaient entre les établissements
religieux et les communes, à l'occasion du concours de
ces dernières réclamé pour les dépenses indiquées aux
paragraphes 11 et 12 de l'article 136, vous auriez à
m'adresser vos propositions avec toutes les pièces nécessaires à l'appui, pour me mettre à même de préparer, d'accord avec M. le Ministre des cultes, le décret
qui devrait statuer sur ces difficultés.

Dépenses concernant les cimetières.

§ 13. Aux termes de l'article 136, § 13, sont obligatoires pour les communes les dépenses concernant les

cimetières, leur entretien et leur translation, dans les cas déterminés par les lois et règlements d'administration publique.

Ces dispositions reproduisent celles du paragraphe 17 de l'article 30 de la loi du 18 juillet 1837. La jurisprudence, s'appuyant sur les articles 36, § 4, du décret du 30 décembre 1809, qui comprenait au nombre des revenus de la fabrique les produits spontanés des lieux de sépulture, et 37, § 4, du même décret qui la chargeait de l'entretien des cimetières, considérait cette dépense comme devant être acquittée en première ligne par les fabriques et subsidiairement par les communes. Les fabriques en trouvaient la compensation dans la perception des produits spontanés. La loi du 5 avril 1884 attribuant ces produits aux communes par son article 133 et abrogeant par ses dispositions finales l'article 36, § 4, du décret précité, l'entretien des cimetières cesse d'incomber aux établissements religieux.

Frais d'établissement et de conservation des plans d'alignement et de nivellement.

§ 14. L'article 136, n° 14, de la nouvelle loi municipale range parmi les dépenses communales obligatoires des communes les frais d'établissement et de conservation des plans d'alignement et de nivellement.

L'article 30, n° 18, de la loi du 18 juillet 1837 plaçait déjà au nombre des dépenses auxquelles les communes sont tenues de pourvoir les frais des plans d'alignement. Le législateur a cru devoir y ajouter ceux qui sont relatifs au nivellement, c'est-à-dire à la détermination, par des chiffres et des signes graphiques, du niveau que présentent ou doivent présenter les voies publiques communales intérieures.

Les plans d'alignement font connaître d'une manière précise la direction, la longueur, la largeur et les limites des rues, places, boulevards, etc. Ils sont ainsi un des moyens les plus efficaces de prévenir et de réprimer les usurpations ou les détériorations du sol des voies intérieures. D'un autre côté, en donnant plus de fixité aux limites de ces voies, ils donnent plus de sécurité aux propriétaires riverains, laissant moins exposés à l'arbitraire des autorités locales.

La fixation du niveau assigné aux voies publiques intérieures offre également de sérieux avantages. Elle permet aux municipalités d'entreprendre et d'exécuter avec des vues d'ensemble, après des études plus approfondies, pour une durée plus considérable et, par suite, à moins de frais, les remblais ou déblais qui peuvent être nécessaires, soit pour faciliter la circulation dans les rues ou sur les places, soit pour les assainir. Elle fournit en outre des indications précieuses pour l'établissement des accès et des issues des fonds riverains sur les voies publiques. Elle assure à chaque propriétaire le moyen de ne pas voir ses constructions en contre-haut ou en contre-bas du sol d'une rue ou d'une place, le lendemain du jour où il les a élevées au niveau de cette rue ou de cette place.

Le législateur veut donc à juste titre qu'il y ait, surtout dans les communes importantes, à la fois un plan d'alignement des diverses voies publiques intérieures et la détermination officielle des cotes de nivellement de ces voies. Vous devez veiller, Monsieur le Préfet, à ce que la volonté du législateur à cet égard soit réalisée le plus tôt possible.

Il n'y a pas lieu de provoquer avec la même instance

la détermination du niveau des rues ou places des communes rurales.

Mais dans toute ville ou commune, quand il s'agira d'un projet d'ouverture, de redressement ou d'élargissement de voie municipale intérieure, vous prescrirez d'y comprendre la fixation, non seulement des alignements, mais encore des cotes de nivellement.

Ces deux opérations se complétant l'une l'autre, il suffira toujours de faire figurer, avec l'indication des pentes ou des rampes, les cotes de nivellement sur le plan d'alignement, en représentant par des chiffres noirs le niveau actuel et par des chiffres rouges le niveau futur ou officiel.

L'autorité compétente pour approuver les plans d'alignement l'est également pour arrêter les cotes de nivellement. Il lui appartient de statuer en même temps sur les uns et sur les autres. Les décisions à prendre en pareille matière rentrent dans vos attributions quand il s'agit des rues ou places faisant partie exclusivement de la voirie urbaine. Il doit être statué par décret lorsque les voies dépendent de la grande voirie. Vous auriez à provoquer une décision du conseil général si elles formaient la traverse d'un chemin vicinal, soit de grande, soit de moyenne communication, et de la commission départementale, si elles étaient le prolongement d'un chemin vicinal ordinaire.

Les formalités d'enquête à remplir avant la fixation des cotes de nivellement sont également les mêmes que celles qui doivent précéder l'homologation des plans d'alignement. J'ajouterai que les deux opérations projetées simultanément peuvent être soumises à une seule enquête portant sur chacune d'elles.

Enfin toute décision qui arrête les cotes de nivelle-

ment doit, comme celle qui homologue un plan d'alignement, être publiée avec celle-ci ou séparément.

Les propriétaires riverains ne peuvent élever des
constructions le long de la voie publique qu'après avoir
demandé et obtenu l'alignement individuel, c'est-à-dire
l'indication des limites de cette voie auxquelles ils doivent se conformer, limites qui sont celles fixées par le
plan ou les limites actuelles de la voie, s'il n'existe pas
de plan.

Une obligation analogue, avant la promulgation de la
loi du 5 avril 1884, n'existait, en ce qui touche les cotes
de nivellement, qu'à Paris et dans les villes auxquelles
avaient été déclarées applicables les dispositions du décret du 26 mars 1852. Elle continue d'exister dans ces
villes comme dans la capitale.

Aujourd'hui, dans les autres communes, lorsque les
cotes de nivellement seront régulièrement arrêtées et
publiées, les propriétaires riverains qui voudront
construire en bordure de la voie publique seront-ils tenus
de demander, indépendamment de l'alignement individuel, l'indication des cotes de nivellement et de s'y conformer?

La question me paraît devoir être résolue affirma-
tivement. En effet, il est difficile, sinon impossible, d'admettre que le législateur, en imposant aux communes
l'obligation de faire fixer officiellement les cotes de nivellement de leurs rues ou places, n'ait pas entendu
obliger, par réciprocité, les propriétaires à demander,
avant de construire au bord de la voie publique, l'indication des cotes de nivellement assignées par l'autorité
ompétente à cette voie et à s'y conformer.

Dépenses des conseils de prud'hommes.

§ 15. Ce paragraphe déclare obligatoires les frais et dépenses des conseils de prud'hommes pour les communes comprises dans le territoire de leur juridiction et proportionnellement au nombre des électeurs inscrits sur les listes électorales spéciales à l'élection, et les menus frais des chambres consultatives des arts et manufactures, pour les communes où elles existent.

La loi du 18 juillet 1837 (art. 30, n° 19) mettait les frais et dépenses des conseils de prud'hommes à la charge des seules communes où ils siégeaient. La loi nouvelle répartit équitablement cette dépense entre les diverses communes comprises dans le territoire de la juridiction des conseils.

Dépenses de la voirie vicinale.

§ 18. Les dépenses de la voirie vicinale n'étaient pas l'objet d'une mention spéciale dans la loi du 18 juillet 1837 (art. 30). Elles n'en avaient pas moins le caractère de dépenses obligatoires en vertu de la loi du 21 mai 1836, dans les limites déterminées par cette loi. A raison de leur importance, le législateur de 1884 a cru devoir les faire figurer nominativement dans l'énumération de l'article 136, avec la restriction légale qui les concerne.

Dépenses occasionnées par l'application de l'article 85.

§ 20. Vous avez vu plus haut, Monsieur le Préfet, que la loi nouvelle avait reproduit l'article 15 de la loi du 18 juillet 1837, qui autorise le préfet à procéder d'office, par lui-même ou par un délégué spécial, à l'accomplissement des actes rentrant dans les fonctions du maire et que celui-ci se refuserait à remplir.

On s'était demandé, sous l'empire de l'ancienne législation, si les frais de délégation pouvaient être mis à la charge de la commune; mais l'Administration supérieure avait toujours hésité à autoriser cette imputation, la dépense n'étant pas énumérée parmi celles que la loi déclarait obligatoires pour les communes.

La loi du 5 avril tranche la question. Les dépenses qu'occasionneront les délégations spéciales pourront donc à l'avenir être inscrites d'office; mais vous évite-rez, autant que possible, Monsieur le Préfet, d'user de la faculté que vous confère le n° 20 de l'article 136, en désignant, toutes les fois que vous le pourrez, un délégué qui consente à se charger gratuitement de cette mission. Vous rencontrerez facilement ce concours parmi les membres des corps élus, maires ou adjoints des communes voisines, conseillers municipaux, d'arrondissement ou généraux; et ce ne sera qu'en cas de nécessité absolue que vous désignerez un mandataire salarié, pour l'accomplissement d'un acte que la loi a confié à des fonctionnaires dont elle déclare le mandat gratuit (art. 74).

Art. 137, 138, et 139.

Octrois municipaux.

La législation antérieure relative aux octrois a été modifiée sur plusieurs points très importants.

D'après la loi du 5 avril, les affaires concernant les octrois peuvent être rangées dans quatre catégories différentes :

1° Certains votes des conseils municipaux ont force exécutoire par eux-mêmes ;

2° Quelques délibérations sont exécutoires, sur l'approbation du préfet, dans les conditions de l'article 69 de la loi, mais toutefois après avis du conseil général ou de la commission départementale dans l'intervalle des sessions ;

3° Un troisième ordre de délibérations doit être approuvé par décret du Président de la République rendu en Conseil d'Etat, après avis du conseil général ou de la commission départementale dans l'intervalle des sessions ;

4° Enfin, les surtaxes sur les vins, cidres, poirés, hydromels et alcools ne peuvent être autorisées que par une loi.

Dans la première catégorie (délibérations exécutoires par elles-mêmes) figurent les délibérations prononçant la prorogation ou l'augmentation des taxes d'octroi pour une période de cinq ans au plus, sous la réserve toutefois qu'aucune des taxes ainsi maintenues ou modifiées n'excédera le maximum déterminé par le tarif général et ne portera que sur les objets compris dans ce tarif (art. 139).

Les délibérations rentrant dans la seconde catégorie, c'est-à-dire exécutoires sur l'approbation du préfet, mais toutefois après avis du conseil général ou de la commission départementale dans l'intervalle des sessions, sont celles qui concernent la suppression ou la diminution des taxes d'octroi (art. 138).

La troisième catégorie d'affaires relatives aux octrois, sur lesquelles il est statué par des décrets du Président de la République rendus en Conseil d'État, après avis du conseil général ou de la commission départementale dans l'intervalle des sessions, comprend les délibérations municipales concernant :

1° L'établissement des taxes d'octroi ;

2° L'augmentation ou la prorogation d'une ou plusieurs taxes pour une période de plus de cinq ans ;

3° Les modifications aux règlements ou aux périmètres existants ;

4° L'assujettissement à la taxe d'objets non encore imposés au tarif local ;

5° L'établissement ou le renouvellement d'une taxe non comprise dans le tarif général ;

6° L'établissement ou le renouvellement d'une taxe excédant le maximum fixé par le tarif général (art. 137).

En ce qui touche les affaires de la première catégorie (délibérations ayant force exécutoire par elles-mêmes), vous n'aurez à m'adresser aucune pièce. Vous vous bornerez à transmettre à la Direction générale des contributions indirectes une expédition des délibérations municipales, appuyées des actes de perception.

Quand aux affaires de la seconde catégorie (délibérations exécutoires sur l'approbation du préfet, après avis du conseil général ou de la commission départementale), vous ne devrez pas non plus me faire parvenir les dossiers. Mais il importera d'envoyer à la Direction générale des contributions indirectes un exemplaire du tarif et du règlement de l'octroi, une copie de l'avis du conseil général ou de la commission départementale et une ampliation de votre arrêté approbatif.

Pour les affaires rangées dans la troisième catégorie et sur lesquelles il est statué par un décret délibéré en Conseil d'État, le conseil général, ou, dans l'intervalle des sessions, la commission départementale, n'a plus *qu'un simple avis à émettre.*

Ces affaires doivent être instruites conformément aux règles suivies jusqu'à ce jour. Vous aurez donc à transmettre, comme par le passé, les dossiers en premier lieu au Ministère de l'intérieur.

Ces dossiers, s'il s'agit d'une demande en prorogation, devront comprendre les pièces suivantes :

1° Les délibérations du conseil municipal ;

2° L'avis du conseil général ou de la commission départementale ;

3° Le budget primitif et le budget, additionnel de l'exercice courant, ou, à défaut de ce dernier budget, celui de l'année précédente ;

4° Un relevé présentant, d'après les trois derniers comptes administratifs, les recettes et les dépenses communales séparées en ordinaires et extraordinaires ;

5° Un certificat du maire et du receveur municipal faisant connaître :

Les impositions extraordinaires qui peuvent grever la commune, avec indication de leur quotité, de leur durée et de leur objet ;

Les sommes restant dues en capital sur chacun des emprunts non remboursés ;

Les autres dettes communales, s'il en existe ;

Enfin, le produit brut et le produit net de l'octroi pendant chacune des trois dernières années ;

6° Un exemplaire du règlement et du tarif en vigueur ;

7° Votre avis motivé en forme d'arrêté.

En cas de demande de revision du tarif, il conviendra d'ajouter à ces documents :

1° Un tableau présentant, en regard l'un de l'autre, le tarif en vigueur et le tarif projeté, avec indication de la différence, en plus ou en moins, de la recette sur chaque article de perception, d'après la moyenne de la consommation pendant les trois dernières années.

Les colonnes de ce tableau devront être totalisées ;

2° L'énumération des dépenses urgentes ou des travaux dûment autorisés auxquels la commune aurait à pourvoir (cette pièce devra être également produite lorsqu'il s'agira de proroger un tarif comprenant, en sus des taxes principales, *des taxes additionnelles ou des surtaxes*).

Lorsqu'une commune sollicitera l'extension du périmètre de son octroi, il y aura lieu de fournir en outre :

1° Un plan de la commune indiquant, par des lignes de couleurs différentes, les limites de l'ancien [périmètre et celles du périmètre proposé ;

2° Un certificat faisant connaître le nombre des habitants et l'étendue du territoire qu'on se propose de comprendre dans le rayon de la perception, ainsi que l'augmentation de recettes à provenir de l'extension du périmètre ;

3° Enfin, l'avis du représentant de l'autorité militaire, s'il s'agit d'une commune possédant une garnison (Circ. du 17 août 1883).

Quant aux affaires relatives aux surtaxes, vous devrez continuer de les instruire comme vous l'avez fait jusqu'à ce jour.

J'insiste, Monsieur le Préfet, pour que les demandes relatives aux octrois soient instruites avec le plus grand soin et pour que les dossiers me parviennent, lorsqu'il s'agira de prorogation, au plus tard dans le courant du mois d'août de l'année où l'octroi devra régulièrement prendre fin. Vous veillerez, en outre, à ce que les tarif et règlement portent la mention d'*annexe* dans les cas prévus par la circulaire ministérielle du 16 mars 1880. Je vous rappellerai que l'omission de cette formalité à, parfois, motivé l'ajournement de certaines affaires, soit par le Ministère des finances, soit par le Conseil d'État.

Je dois signaler à votre attention un dernier point.

Lorsque les conseils municipaux sont appelés à se prononcer sur l'établissement, le maintien ou l'éléva-tion de droits d'octroi, il convient qu'ils examinent de quelle somme la commune a besoin pour assurer la marche des services municipaux. Pour se procurer cette somme, le conseil vote les taxes *principales* d'octroi qui ont un caractère annuel et permanent et dont le produit est inscrit au budget ordinaire de la commune.

Si, après la fixation de ces droits, la commune se trouve dans l'obligation de pourvoir à des dépenses ex-traordinaires pour l'exécution d'entreprises ou pour le remboursement d'emprunts, le conseil municipal peut voter de nouveaux droits, soit au moyen de l'addition d'un ou de plusieurs décimes aux taxes principales, soit à l'aide de taxes extraordinaires frappant d'autres arti-cles. Ces droits ne se confondent pas avec les taxes principales. Le conseil doit en déterminer l'affectation spéciale, et le produit en est porté au budget extraor-dinaire.

Les opérations concernant, d'une part, les taxes prin-cipales, d'autre part, les taxes additionnelles ou extraor-dinaires, doivent être présentées séparément dans la comptabilité de l'octroi et du receveur municipal. Il est ainsi donné satisfaction aux prescriptions des articles 133 et 134 de la loi du 5 avril 1884, d'après lesquelles le produit des octrois affectés aux dépenses ordinaires figure au budget ordinaire, et celui des taxes additionnelles et surtaxes d'octroi spécialement affectées à des dépenses extraordinaires et à des remboursements d'emprunts doit être inscrit au budget extraordinaire.

Il ne vous échappera pas, d'ailleurs, que la distinction entre les deux catégories de taxes a une très grande importance, puisque, aux termes de l'article 3 de la loi du 16 juin 1881, le cinquième du produit des taxes *ordinaires* d'octroi doit être affecté aux dépenses de l'instruction primaire.

Dès lors, le classement au budget ordinaire des recettes d'octroi qui devraient, en réalité, figurer au budget extraordinaire, aurait pour conséquence d'accroître les charges imposées aux communes par cette loi.

ART. 140.

Taxes particulières dues en vertu des lois ou des usages locaux.

L'article 140 de la loi du 5 avril 1884 reproduit purement et simplement les dispositions de la loi du 18 juillet 1837 (art. 44) relatives aux taxes particulières dues par les habitants ou propriétaires en vertu des lois et usages locaux. Le législateur de 1884 décide, comme le décidait celui de 1837, que ces taxes, telles que celles d'affouage, de pacage ou pâturage, de pavage ou ayant pour objet l'établissement de trottoirs, sont réparties par une délibération du conseil municipal approuvée par le préfet, et qu'elles sont perçues suivant les formes établies pour le recouvrement des contributions directes.

La nécessité de soumettre les délibérations du conseil municipal, en cette matière, à votre sanction résulte également des dispositions combinées des articles 68 et 69 de la nouvelle loi.

Art. 141, 142 et 143.

Impositions extraordinaires et emprunts.

Ces articles apportent des modifications importantes aux règles posées par les lois des 18 juillet 1837 et 24 juillet 1867, en ce qui concerne les impositions extraordinaires et les emprunts.

L'article 141 reconnaît aux conseils municipaux le droit *de régler* par un simple vote :

1º Dans la limite du maximum fixé chaque année par le conseil général, les contributions extraordinaires n'excédant pas cinq centimes pendant cinq années, pour en appliquer le produit à des dépenses extraordinaires d'utilité communale ;

2º Les emprunts remboursables en cinq ans sur ces cinq centimes ou sur les ressources ordinaires, quand l'amortissement, dans ce dernier cas, ne dépasse pas trente ans ;

3º Trois centimes extraordinaires exclusivement affectés aux chemins vicinaux ordinaires et trois centimes extraordinaires exclusivement affectés aux chemins ruraux reconnus.

Les centimes communaux destinés aux dépenses *annuelles* obligatoires ou facultatives et les centimes votés en vertu des lois des 21 mai 1836 (chemins vicinaux) et 16 juin 1881 (instruction primaire) et de certaines lois spéciales ne se confondent pas avec les centimes extraordinaires que les conseils municipaux peuvent voter dans la limite du maximum fixé par le conseil général. On ne devra pas non plus considérer comme compris dans ce maximum les centimes affectés par le paragraphe 2 du présent article aux dépenses des chemins vicinaux ordinaires et des chemins ruraux reconnus, ni les centimes qui pourraient être imposés d'office sur la commune par application de l'article 149 de la présente loi.

Aux termes de l'article 142, les conseils municipaux votent, sauf approbation du préfet:

1° Les contributions extraordinaires qui dépasseraient cinq centimes sans excéder le maximum fixé par le conseil général et dont la durée, excédant cinq années, ne serait pas supérieure à trente ans;

2° Les emprunts remboursables sur les mêmes contributions extraordinaires ou sur les revenus ordinaires dans un délai excédant, pour ce dernier cas, trente ans.

Cet article, Monsieur le Préfet, vous confère des pouvoirs très étendus. Je vous recommande d'en user avec toute la prudence que réclame l'intérêt bien entendu des communes. Il importe que les emprunts communaux n'aient pour objet que le payement de dépenses d'une nécessité incontestable; qu'ils soient toujours circonscrits dans des limites modérées et proportionnés sur-

tout aux ressources disponibles, de manière à ne pas
obérer les finances de la commune au préjudice des services municipaux essentiels. Il sera prudent qu'à moins
de circonstances exceptionnelles le terme d'amortissement des emprunts n'excède pas ving-cinq ou trente
ans.

Avant d'approuver les votes municipaux relatifs à des
impositions extraordinaires ou à des emprunts, vous
devrez exiger la production des pièces justificatives des
dépenses projetées (plans, devis, mémoires, etc.), ainsi
que les documents qui vous seront nécessaires pour
constater avec exactitude la situation financière de la
commune (budget, relevé des comptes, certificats constatant les charges qui grèvent la commune).

Au nombre des emprunts que vous serez appelé à
approuver, il s'en trouvera qui devront être contractés
soit auprès de la caisse des écoles, soit auprès de la
caisse des chemins vicinaux.

En ce qui touche les premiers, vous ne perdrez pas de
vue que les communes devront recevoir l'autorisation
préalable du Ministre de l'instruction publique (décret
du 10 août 1878, art. 4, § 1er).

Quant aux seconds, avant de sanctionner les votes
municipaux, vous aurez à me communiquer les pièces
de chaque affaire pour que je puisse apprécier si la situation de la caisse vicinale permet d'accueillir les demandes.

L'article 143 forme le complément des articles 141 et
142. Il dispose que toute contribution extraordinaire dépassant le maximum fixé par le conseil général et que
tout emprunt remboursable sur cette contribution sont
autorisés par décret du Président de la République;
que, si la contribution est établie pour une durée de
plus de trente ans, ou si l'emprunt remboursable sur

ressources extraordinaires doit excéder cette durée, le décret est rendu en Conseil d'État; enfin qu'il est statué par une loi, si la somme à emprunter dépasse un million, ou si, réunie aux chiffres d'autres emprunts non encore remboursés, elle dépasse un million.

Vous remarquerez, Monsieur le Préfet, que ce n'est plus, comme sous l'empire de la loi du 24 juillet 1867, d'après le chiffre des revenus communaux qu'est déterminée la nécessité de recourir à l'intervention du Conseil d'État, mais bien d'après la durée de l'amortissement de l'emprunt.

Quant à la dernière disposition concernant le recours au pouvoir législatif, lorsqu'il s'agit d'emprunts dépassant un million, elle n'est que la reproduction de l'article 7, § 3, de la loi du 24 juillet 1867 et le maintien sur ce point de la législation antérieure.

A ce sujet, je vous rappellerai que, d'après la jurisprudence constante du Ministère de l'intérieur, du Conseil d'État et des Chambres législatives, le recours à une loi est nécessaire toutes les fois qu'un emprunt, soit seul, soit réuni aux sommes restant dues sur de précédents emprunts non remboursés, dépasse un million, quelles que soient la nature des ressources affectées au remboursement et la durée de l'amortissement.

Je dois également signaler de nouveau à votre attention les règles posées par la circulaire du 11 mai 1864, en ce qui touche les acquisitions ou engagements à long terme pris par les communes, lesquels doivent être assimilés à des emprunts et autorisés dans les mêmes formes, c'est-à-dire, suivant les cas, par une délibération municipale, un arrêté préfectoral, un décret ou une loi.

Toutes les affaires auxquelles s'applique l'article 143 devront être examinées par l'Administration supérieure.

Vous aurez donc à m'adresser, pour chacune de ces affaires, les pièces suivantes :

1° Une copie de la délibération par laquelle le conseil municipal a voté l'imposition ou l'emprunt.

S'il s'agit d'un emprunt, la délibération mentionnera le mode et les époques de remboursement;

2° Un certificat du maire faisant connaître le chiffre officiel de la population de la commune et le nombre des membres du Conseil municipal en exercice ;

3° Le budget primitif et le budget additionnel de la commune pour l'exercice courant. Si ce dernier budget n'est pas encore approuvé, on produira celui de l'exercice précédent. Le chiffre du principal des quatre contributions directes devra être indiqué en tête du budget;

4° Un certificat du maire et du receveur municipal constatant :

Toutes les impositions qui peuvent grever la commune, avec l'indication de l'objet auquel elles s'appliquent, de leur durée et de leur quotité, ainsi que de la nature et de la date des actes qui en ont autorisé la perception ;

Les sommes restant dues en capital sur chacun des emprunts non encore remboursés, avec mention de la nature et de la date des actes approbatifs de chaque emprunt;

Les autres dettes communales, s'il en existe ;

Le montant des fonds de la commune placés au Trésor ;

5° Les pièces justificatives de la dépense, telles que mémoires, plans et devis régulièrement dressés ;

6° S'il s'agit d'un emprunt, un tableau d'amortissement dudit emprunt, ainsi qu'un état présentant dans trois colonnes distinctes :

1° Les sommes à payer chaque année, jusqu'à complète

libération pour le service des emprunts et dettes antérieurement contractés ;

Les ressources extraordinaires affectées annuellement à l'extinction de ce passif;

Enfin les prélèvements à opérer sur les revenus ordinaires pour compléter les annuités d'amortissement.

(Dans le cas où l'emprunt serait remboursable au moyen d'une coupe extraordinaire de bois, il importerait de produire l'avis de l'administration forestière);

7° Un relevé présentant, d'après les trois derniers comptes, les recettes et les dépenses communales séparées en ordinaires et extraordinaires;.

8° Votre avis motivé en forme d'arrêté.

Art. 44.

Concours des forêts et bois de l'État aux dépenses
des communes.

Aux termes de l'article 4 de la loi du 24 juillet 1867, les forêts et les bois de l'État devaient acquitter les centimes additionnels ordinaires et extraordinaires affectés aux dépenses des communes, *dans la proportion de la moitié de leur valeur imposable.*

La loi du 5 avril 1884 s'est montrée plus favorable aux communes. En effet, l'article 144 reproduit, sauf la différence de rédaction, l'article 7 de la loi de finances du 8 mai 1869, aux termes duquel les forêts et les bois de l'État acquittent les centimes additionnels ordinaires et extraordinaires affectés aux dépenses des communes *dans la même proportion* que les propriétés privées.

———

DEUXIÈME SECTION.

VOIE ET RÈGLEMENT DU BUDGET.

ART. 145 ET 146.

Les articles 145 et 146 de la loi du 5 avril 1884 maintiennent les règles établies par la législation antérieure, en ce qui touche l'approbation, soit des budgets, soit des crédits exceptionnels votés en cours d'exercice, tant pour les communes dont le revenu est inférieur à trois millions que pour les villes dont le revenu atteint ce chiffre. Vous remarquerez toutefois que la loi nouvelle n'a pas reproduit la disposition de celle du 18 juillet 1837, article 34, § 2, aux termes de laquelle, dans les communes dont le budget est réglé par décret, les crédits supplémentaires pour dépenses urgentes *pouvaient être approuvés par le Préfet.*

D'après la loi du 5 avril 1884, dans les villes dont vous n'êtes pas appelé à régler le budget, tous les crédits *sans exception* devront être autorisés par décret. Je n'ai pas besoin de vous faire remarquer que, quand il s'agira de pourvoir à des dépenses urgentes, vous aurez à m'adresser, sans retard, les délibérations municipales, pour que je puisse provoquer le décret approbatif des crédits.

Art. 147.

L'article 147 de la loi du 5 avril 1884 concerne le crédit que les conseils municipaux peuvent porter au budget pour les dépenses imprévues. Il modifie sur deux points les dispositions de l'article 37 de la loi du 18 juillet 1837. D'une part, en effet, le législateur ne limite plus au dixième des recettes ordinaires la somme inscrite de ce chef au budget; d'autre part, il n'oblige plus le maire à obtenir l'approbation du préfet ou du sous-préfet pour faire emploi du crédit.

Le dernier paragraphe de l'article ajoute que, dans la première session qui suivra l'ordonnancement de chaque dépense, le maire rendra compte au conseil municipal, avec pièces justificatives à l'appui, de l'emploi de ce crédit, et que lesdites pièces demeureront annexées à la délibération.

Cette prescription doit être entendue en ce sens que le maire sera tenu de fournir au conseil municipal les justifications des dépenses qu'il aura ordonnancées. Ces justifications pourront consister en un état détaillé, appuyé de rapports explicatifs, soit du maire, soit des chefs de service. Quant aux pièces comptables proprement dites, telles que mémoires, factures ou quittances, elle continueront à être remises au receveur municipal, afin qu'il puisse les produire au juge des comptes,

comme les pieces justificatives de toutes les autres dépenses.

Art. 148.

L'article 148 reproduit les dispositions des articles 36
et 38 de la loi du 18 juillet 1837, en les mettant en
harmonie avec les articles 145 et 147 de la nouvelle loi
municipale.

Art. 149.

L'article 149 relatif aux inscriptions et aux impositions d'office ne fait que maintenir la législation antérieure.

Art. 150.

La première partie de cet article est la reproduction
de l'article 35 de la loi du 18 juillet 1837.

Quant à la seconde partie, elle comble une lacune des
lois précédentes; elle prévoit le cas où il n'y aurait eu
aucun budget antérieurement voté, et elle ordonne que,
dans ce cas, le budget sera établi par le préfet en conseil
de préfecture.

CHAPITRE IV

DE LA COMPTABILILITÉ DES COMMUNES.

Art. 151.

D'après l'article 151 de la loi du 5 avril 1884, les comptes du maire pour l'exercice clos sont définitivement approuvés par le préfet.

Il s'ensuit que vous aurez à approuver les comptes administratifs de *toutes* les communes, quel que soit le chiffre de leurs revenus, quand même ce chiffre atteindrait 3 millions.

Vous devrez m'adresser un exemplaire dûment approuvé des comptes des villes dont les revenus sont de 3 millions et au-dessus. La production de cet exemplaire, qui sera conservé dans mes bureaux, est indispensable pour permettre de procéder à l'approbation du budget supplémentaire auquel doivent être reportés les excédents de recette et les restes à payer de l'exercice précédent.

Art. 152 a 160.

Ces articles ne font que confirmer les règles de comptabilité édictées par les lois actuellement en vigueur.

TITRE V

Des biens et droits indivis entre plusieurs communes.

———

Art. 161, 162 et 163.

La loi du 5 avril 1884, dans ses articles 116, 117 et 118, par des dispositions analogues à celles des articles 89, 90 et 91 de la loi du 10 août 1871 sur les conseils généraux, a déterminé les règles à suivre lorsqu'il s'agit de débattre, dans des conférences, les questions d'intérêt commun à deux ou plusieurs communes sur des objets d'utilité communale les intéressant à la fois.

Ces dispositions seraient presque toujours insuffisantes au cas où les communes possèdent, depuis un temps plus ou moins considérable, des droits ou des biens indivis, par exemple, quand un certain nombre de communes, deux, trois, quatre ou plus sont copropriétaires à l'état d'indivision d'immeubles, de pacages, etc.

Il serait difficile, sinon impossible, aux municipalités d'administrer directement, d'une manière utile, de pareils biens, même en recourant aux conférences régies par les articles 116, 117 et 118 de la nouvelle loi. Aussi le législateur de 1884, comme celui de 1837, a-t-il pensé qu'il y avait lieu d'instituer une représentation spéciale pour l'administration de ces biens et l'exécution des travaux qui s'y rattachent.

ART. 164.

Aux termes de l'article 161 de la loi du 5 avril 1884, lorsque plusieurs communes possèdent des biens ou des droits indivis, un décret du Président de la République doit instituer, si l'une d'elles le réclame, une commission syndicale composée de délégués des conseils municipaux des communes intéressées. Chacun des conseils élit, ensuite, dans son sein, au scrutin secret, le nombre de délégués qui a été déterminé par le décret présidentiel.

Ces dispositions sont la reproduction des deux premiers paragraphes de l'article 70 de la loi de 1837.

Vous ne perdrez pas de vue, Monsieur le Préfet, que, dans les propositions que vous aurez à m'adresser à ce sujet, vous devrez, pour la fixation du nombre des délégués à attribuer aux communes, tenir compte, non du chiffre de la population, mais de l'intérêt que peut avoir chacune des communes dans l'administration des biens indivis en raison de la part plus ou moins grande qu'elle serait en droit, en cas de partage, de revendiquer dans la propriété de ces biens.

D'après le troisième paragraphe de l'article 164 de la nouvelle loi, la commission syndicale sera présidée par un syndic élu par les délégués et pris parmi eux ; elle sera renouvelée après chaque renouvellement des conseils municipaux. Ce paragraphe modifie l'article 71 (§ 1) de la loi de 1837 qui laissait la nomination du syndic à l'autorité préfectorale, tandis que d'après la loi nouvelle le syndic est élu par les délégués.

Le dernier paragraphe de l'article 161 de la loi de 1884 soumet la délibération de la commission syndicale à toutes les règles établies pour les délibérations des conseils municipaux ; c'est la reproduction du paragraphe 4 *in fine* de l'article 70 de la loi de 1837.

<h3 style="text-align:center">Art. 162.</h3>

Dans l'article 162 de la loi du 5 avril 1884, le législateur définit et limite les attributions de la commission syndicale et de son président. Elles comprennent l'administration des biens et droits indivis et l'exécution des travaux qui s'y rattachent.

Elles sont les mêmes que celles des conseils municipaux et des maires en pareille matière. Mais les ventes, échanges, partages, acquisitions, transactions demeurent réservés aux conseils municipaux, qui pourront autoriser le président de la commission à passer les actes qui y sont relatifs.

Ces dispositions précisent le paragraphe 2 de l'article 71 de la loi du 18 juillet 1837. Il en résulte que la commission syndicale et le syndic doivent se borner à administrer les biens et droits indivis, à voter et à surveiller l'exécution des travaux se rattachant exclusivement à ces biens.

Quant aux questions de propriété, elles sont absolument réservées aux conseils municipaux et lorsqu'ils sont d'accord sur la nécessité d'un échange, d'un partage, etc., ils peuvent, pour faciliter l'opération et éviter des lenteurs, substituer aux maires des communes intéressées, le président de la commission et autoriser ce dernier à passer les actes.

Art. 163.

Dans l'article 163, la loi du 5 avril prévoit le cas où la commission syndicale peut avoir des dépenses à faire, soit pour l'administration des biens et droits indivis, soit pour l'exécution des travaux se rattachant à la jouissance de ces mêmes biens. Elle règle le mode de répartition de ces dépenses et indique les moyens à prendre quand il y a désaccord entre les conseils municipaux.

Les paragraphes 1 et 2 portent : « La répartition des dépenses votées par les commissions syndicales est faite entre les communes intéressées par les conseils municipaux. »

« Leurs délibérations sont soumises à l'approbation du préfet. »

Ces dispositions sont empruntées à l'article 72 de la loi du 18 juillet 1837. Vous remarquerez toutefois que, d'après le paragraphe 1er de l'article 161, c'est la commission syndicale qui vote les dépenses relatives à l'administration des biens indivis et à l'exécution des travaux s'y rattachant.

Les conseils municipaux n'ont pas à contester ce vote

pris dans la limite des attributions de la commission syndicale leur mandataire régulier. Ils ont seulement à établir la part qui doit incomber à chaque commune dans la dépense.

Des propositions peuvent être soumises à ce sujet aux conseils municipaux par la commission syndicale, ou, à défaut, par le préfet.

La loi prévoit le cas de désaccord entre les conseils municipaux sur la répartition de la dépense.

Dans cette hypothèse, l'article 46 (n° 23) de la loi du 10 août 1871 n'est pas applicable.

D'après le paragraphe 3 de l'article 163 de la nouvelle loi municipale, vous aurez à prononcer vous-même, sur l'avis du conseil général ou, dans l'intervalle des sessions, de la commission départementale. Si les conseils municipaux appartiennent à des départements différents, il sera statué par décret.

La loi du 18 juillet 1837 (art. 72, § 2) contenait une disposition analogue. La nouvelle loi n'a pas maintenu la prescription qui exigeait l'avis préalable des conseils d'arrondissement.

Il est en outre à remarquer qu'elle se contente de l'avis de la commission départementale dans l'intervalle des sessions du conseil général.

Elle a voulu ainsi éviter les lenteurs qui pourraient résulter, pour l'instruction de ces affaires, du laps de temps considérable s'écoulant entre les sessions ordinaires des conseils généraux.

Le paragraphe 4 de l'article 163 de la loi du 5 avril 1884 est rédigé de la même manière que l'article 72 de la loi de 1837. Il décide que la part de la dépense définitivement assignée à chaque commune sera portée d'office aux budgets respectifs, conformément à l'article 149 de la nouvelle loi.

Le législateur considère cette part comme rentrant toujours dans la catégorie des dépenses communales obligatoires. Il a donné par suite à l'autorité supérieure le pouvoir de vaincre la résistance des communes intéressées.

TITRE VI

Art. 164, 165 et 166.

Les articles 164, 165 et 166 appliquent la nouvelle loi
municipale à l'Algérie et aux principales colonies, sous
certaines réserves et modifications.

TITRE VII

Dispositions générales.

Art. 167.

L'article 167 de la loi du 5 avril porte :

« Les conseils municipaux pourront prononcer la dé-saffectation totale ou partielle d'immeubles consacrés, en dehors des prescriptions de la loi organique des cultes du 18 germinal an x et des dispositions relatives au culte israélite, soit aux cultes, soit à des services religieux ou à des établissements quelconques ecclésiastiques et civils.

« Ces désaffectations seront prononcées dans la même forme que les affectations. »

Il ressort de la discussion aux Chambres qu'il ne s'agit ni des immeubles concordataires affectés au culte catholique, ni de ceux consacrés aux cultes protestants ou au culte israélite, en vertu des dispositions relatives à

ces cultes, ni des immeubles qui, postérieurement au
Concordat et à la loi du 18 germinal an x, ont été affectés
aux cultes par suite des obligations résultant du Concordat et des lois organiques.

Les conseils municipaux ne sauraient, dès lors, se
prévaloir de l'article 167 pour poursuivre la désaffectation des immeubles compris dans ces diverses catégories.

Vous remarquerez, d'autre part, qu'il n'est pas dérogé
par l'article 167 aux prescriptions de l'ordonnance du
3 mars 1825, en ce qui concerne la distraction au profit
des communes des parties superflues des presbytères.

Lorsqu'il s'agira d'appliquer l'article 167, il conviene-
dra, pour déterminer la compétence, de se reporter à la
procédure suivie lors de l'affectation, les mêmes formalités devant être remplies pour la désaffectation.

Art. 168.

L'article 168 et dernier, en mentionnant la plupart
des dispositions législatives ou réglementaires abrogées
par la loi du 5 avril 1884, facilite considérablement l'interprétation et l'application de cette loi. Il évite, en effet,
les recherches qui auraient dû être faites dans de nombreux textes pour examiner s'ils contenaient des prescriptions échappant à l'abrogation tacite ou implicite.
Il prévient, d'un autre côté, les difficultés, les contro-
verses qui se seraient élevées sur le point de savoir si
certaines des dispositions qu'il énumère étaient conci-
liables avec la nouvelle loi ou avaient cessé d'être en
vigueur.

Les observations dont m'ont paru susceptibles les diverses parties de la loi du 5 avril 1884, Monsieur le Préfet, font ressortir l'esprit de liberté et de progrès qui domine l'ensemble de cette loi. La nouvelle loi municipale n'est pas seulement une œuvre de codification d'une importance exceptionnelle, réunissant dans un seul texte les règles fondamentales, précédemment disséminées, de la législation qui régit les communes ; elle les complète, les précise, les améliore ; elle marque un pas considérable dans la voie des franchises communales ; elle ne maintient la tutelle de l'État que dans la mesure des exigences impérieuses de la souveraineté nationale, de l'unité de la patrie et des intérêts généraux.

Le législateur de 1884, suivant l'exemple des législateurs qui l'ont précédé, n'a pas hésité à restreindre cette tutelle, dans la conviction que les représentants des communes ne cesseraient de se montrer dignes de la confiance qui en a fait relâcher les liens, et qu'ils ne se départiraient jamais de la prudence et de la sagesse, dont ils ont toujours donné des preuves manifestes depuis plus d'un demi-siècle.

Vous avez, Monsieur le Préfet, une grande tâche à remplir pour l'exécution et l'application de la loi du 5 avril 1884. Vous ne perdrez pas de vue les droits de l'État, les intérêts d'ordre supérieur qui vous sont confiés. Vous ne devrez, dans aucun cas, les laisser péricliter ; mais vous avez en même temps pour devoir de vous efforcer constamment, selon les intentions libérales du législateur, de les concilier avec les droits des corps municipaux, avec les véritables intérêts des communes, pour le plus grand bien de celles-ci, comme pour celui de la société dont elles ne sont que les éléments.

Mes instructions d'aujourd'hui et celles du 10 avril, qui seront complétées ultérieurement au sujet de la revision des listes électorales, vous guideront dans l'accomplissement de cette tâche. Elles préviendront la plupart des difficultés que vous auriez rencontrées. Elles faciliteront la solution de celles qui se produiront. Si elles ne suffisaient pas pour les aplanir, je vous adresserais, sur votre demande, les explications ou éclaircissements nécessaires.

Je vous envoie la présente circulaire en nombre suffisant pour que vous puissiez en adresser un exemplaire à chacun de MM. les Sous-Préfets et en conserver trois pour le service de vos bureaux.

Je vous prie de m'en accuser réception.

Recevez, Monsieur le Préfet, l'assurance de ma considération très distinguée.

Le Ministre de l'Intérieur,

WALDECK-ROUSSEAU.

DÉPARTEMENT
d

ARRONDISSEMENT
d

CANTON
d

RENSEI

à fournir à l'appui des projets tendant au

RENSEIGNEMENTS SUR LA SITUATION DE LA COMMUNE				RENSEIGNEMENTS
NOM de la commune.	Superficie.	Population	PRINCIPAL des quatre contributions directes.	NOMS des divers hameaux (placer en tête le chef-lieu actuel).

Annexe
à la circulaire ministériel
du 15 mai 1884.

GNEMENTS

transfèrement d'un chef-lieu de commune   MODÈLE 4,

SUR LES DIVERS HAMEAUX.				
Population agglomérée du hameau.	ÉDIFICES.	Distance entre le hameau et l'ancien chef-lieu.	Distance entre le hameau et le nouveau chef-lieu proposé.	OBSERVATIONS.

CERTIFIÉ à   le

Le Préfet du département   d

DÉPARTEMENT

ARRONDISSEMENT

CANTON

RENSEI

à fournir à l'appui des projets tendant à la réunion

COMMUNES.	SUPERFICIE.	POPULATION.	PRINCIPAL des quatre contributions directes.	Nombre de centimes dont la commune est grevée (en indiquant la nature et la durée des impositions).	MOYENNE DES des trois der Ordinaires
ÉTAT					
APRÈS LA					ÉVALUATION Ordinaires

GNEMENTS

Annexe
à la circulaire ministérielle
du 15 mai 1884.

de communes ou à la formation de communes nouvelles   MODÈLE B.

RECETTES nières années. Extraordinaires.	MOYENNE DES DÉPENSES des trois dernières années Ordinaires.	Extraordinaires.	ÉDIFICES et biens communaux.	OBSERVATIONS.
ACTUEL				
RÉUNION.				
DES RECETTES Extraordinaires.	ÉVALUATION des dépenses. Ordinaires.	Extraordinaires.		

CERTIFIÉ à   le

Le Préfet du département d

DÉPARTEMENT
d

ARRONDISSEMENT
d

CANTON
d

RENSEI·GNEMENTS

à fournir à l'appui des projets tendant à modification des limites des communes.

Annexe
à la circulaire ministérielle
du 15 mai 1884.

Modèle C.

ÉTAT ACTUEL

COMMUNES.	Superficie.	Population	PRINCIPAL des quatre contributions directes.	Nombre de centimes dont la commune est grevée (en indiquant la nature et la durée des impositions).	MOYENNE DES des trois der[nières] — Ordinaires.	RECETTES nières années — Extraordinaires.	MOYENNE DES DÉPENSES des trois dernières années. — Ordinaires.	Extraordinaires.	ÉDIFICES et biens communaux.	OBSERVATIONS.

DES COMMUNES.

MODIFICATIONS PROPOSÉES.

| Parties de territoire à distraire de la commune d | | | | | | | | | | |
| Parties de territoire à distraire de la commune d | | | | | | | | | | |

ÉTAT DES COMMUNES APRÈS LA MODIFICATION.

ÉVALUATION des recettes		ÉVALUATION des dépenses	
Ordinaires.	Extraordinaires.	Ordinaires.	Extraordinaires.

Certifié à   le

Le Préfet du département d

TABLE DES MATIÈRES

A

Actions judiciaires, p. 124.

Adjoints spéciaux, p. 73.

Administration des communes.
Acceptation de dons ou legs
à titre conservatoire, p. 114. —
Biens et établissements communaux, p. 109.— Changement
d'affectation des locaux ou
objets des établissements publics communaux, p. 123. —
Constructions ou reconstructions intéressant la commune.
Plans et devis, p. 115. —
Création des bureaux de bienfaisance, p. 122. — Emprunts
des hospices, hôpitaux et autres établissements charitables
communaux, p. 121. — Libéralités faites à la commune, à
une section, à un quartier, à
un hameau, p. 111. — Ouvrages ou institutions intéressant plusieurs communes,
p. 118.—Refus d'acceptation de
dons ou legs, p. 113.—Travaux
et fournitures à exécuter par
entreprises dans l'intérêt des
communes, p. 116. — Vente de
biens autorisées d'office, p.109.

Affichage des comptes rendus
des délibérations du conseil
municipal, p. 41.

B

Biens et droits indivis entre
plusieurs communes, p. 181.

Budget communal. Sa division,
p. 132 ; — extraordinaire (Recettes), p. 148; — ordinaire
(Recettes), p. 133 ; — ordinaire
et extraordinaire (Dépenses),
p. 148. — Vote et règlement,
p. 175.

Bureaux de bienfaisance, p. 122

C

Clefs du clocher et de l'église,
p. 100.

Clocher. Sonnerie, p. 98.

Commissions syndicales. Nomination, p. 9.

Communes. Changement de nom, p. 5. — Responsabilité civile, p. 103. — Comptabilité des —, p. 178. — Concours des forêts et bois de l'Etat aux dépenses des communes, p. 174.

Conseils d'arrondissement et Conseil général. Avis, p. 11.

Conseils municipaux. Avis, p. 10. — Avis qu'ils sont appelés à donner, p. 66. — Attributions, p. 68. — Actes interdits, p. 69 — Commissions, p. 43. — Dissolution et suspension, p. 28. — Dissolution en cas de réunion ou de fractionnement des communes, p. 18. — Démission d'office, p. 26. — Durée des pouvoirs, p. 27. — Fonctionnement, p. 31. — Formation, p. 19. — Publicité des séances, p. 32.

Conseillers municipaux. Attributions, p. 46. — Démission et démission d'office, p. 44. — Démission volontaire, p. 45. — Nombre présent pour délibérer valablement, p. 37. — Rang, p. 36.

Convocations. Délai et forme, p. 36.

Corps municipal. Composition, p. 5.

Affichage du compte rendu des délibérations, p. 41.

D

Délibération du conseil. Annulables, p. 51. — Annulation des délibérations annulables, p. 53. — Autorités qui peuvent les rendre exécutoires, p. 64. — Déclaration de la nullité de droit, p. 52. — Délai de suspension d'exécution, p. 62. — Exécutoires après approbation de l'autorité supérieure pour aliénations et échanges, p. 56; — acquisitions, constructions, réparations, p. 57; — baux, p. 55; — changement d'affectation de propriétés communales, p. 58; — dénomination des rues, p. 60; — dons et legs, p. 61; — foires et marchés, p. 62; — transactions, p. 58; — vaine pâture, p. 59; — voirie et taxe municipale, p. 59. — Nulles de plein droit, p. 50.— Recours contre l'arrêté préfectoral prononçant l'annulation, p. 54. — Transmission immédiate d'une expédition à la sous-préfecture ou à la préfecture (Récépissé), p. 49.

Dépenses. Obligatoires, p. 149. — Concernant les cimetières, p. 156, — des conseils des prud'hommes, p. 161; — de la voirie vicinale, p. 161; — occasionnées par l'application de l'article 85, p. 162.

Dispositions générales, p. 189.

Dons et legs, p. 113.

Droits de place perçus dans les halles, p. 134; — de stationnement, p. 134.

E

Enquête, p. 8.

F

Fonctions municipales. Gratuité, p. 71.

Frais de bureau et d'impression, etc., p. 149 ; — de recensement de la population, p. 151 ; — d'élections, p. 151 ; — d'établissement des plans d'alignement et de nivellement, p. 157 ; — des registres de l'état civil, p. 152 ;

Foires et marchés, p. 62.

G.

Gardes-champêtres, p. 100.

I

Impositions extraordinaires et emprunts, p. 169.

Indemnité de logement aux ministres du culte, p. 154.

L

Livrets de famille, p. 152.

Legs, p. 113.

M

Maires et adjoints, p. 71.

Maires. Adjudications publiques, p. 83. — Attributions, p. 82. — Arrêtés divisés en deux catégories, p. 86. — Comme chef de l'association communale, p. 83. — Comme délégué de l'administration supérieure, p. 85. — Délégations, p. 76. — Délégation des pouvoirs du maire au président de la délégation spéciale, p. 81.— Démission d'office, p. 75. — Durée des pouvoirs, p. 74. — Mesures à prendre pour l'inhumation, p. 85. — Nomination aux emplois communaux, p. 82. — Pouvoirs de police exercés, p. 90. — Publication des arrêtés. Inscription au registre, p. 88. — Remplacement en cas d'absence, p. 78. — Remplacement en cas de refus, p. 79. — Remplacement par suite d'intérêts opposés à ceux de la commune, p. 77. — Suspension, révocation, p. 80. — Transmission des arrêtés au préfet et au sous-préfet, p. 87.

O

Octrois municipaux, p. 163.

P

Pensions communales, p. 152.

Préface, p. 1.

Président du conseil municipal, p. 38.

Président. Voix prépondérante, p. 40.

Préfet. Compétence générale p. 64. — Délai dans lequel il doit statuer, p. 64. — Mesures de police à prendre, p. 94. — Pouvoirs, annulation, suspension ou exécution des arrêtés, p. 87. — Voie de recours, p. 64.

Procès-verbal, p. 41.

Procès-verbaux. Communication, p. 42.

Produits des octrois. Affectés aux dépenses ordinaires, p. 133.

Produits. Des terrains communaux affectés aux inhumations, p. 139.

Propriétés communales, p. 58.

Police municipale. Disposition spéciale à la ville de Lyon et à l'agglomération lyonnaise, p. 103. — Organisation municipale de Lyon, p. 104. — Personnel chargé du service, p. 102. — Triple but immédiat, mesures qu'elle comprend, p. 89.

R

Réunion ou séparation. Règlement des conditions, p. 14.

S

Sections électorales, p. 20.

Sectionnées. Elections partielles dans les communes, p. 25.

Sectionnement. Par qui fait, p. 21. — Voie de recours contre le —, p. 24.

Secrétaire, p. 39.

Scrutin. Modes, majorité, p. 39. — Secret, p. 40.

Sessions ordinaires, p. 34.

Sessions extraordinaires, p. 35.

Sonnerie des cloches, p. 98.

Statistique. Plans et tableaux, p. 10.

T

Tableaux. Modèle A, p. 194, — B, p. 196 ; — C, p. 198.

Taxes de balayage, p. 140 ; — et droits divers, centimes pour insuffisance de revenus, p. 146 ; — particulières dues en vertu des lois ou des usages locaux, p. 168.

Transfèrement des chefs-lieux de communes. Instruction des projets tendant au —, p. 7 ; — autorité compétente pour statuer sur le —, p. 12.

Travaux et fournitures, p. 146.

Paris. — Imp. PAUL DUPONT (Cl.) 93. 6.84.